MordsAbgang

Astrid Kallweit
Frank W. Kallweit

Krimi & Wein
Verlag Wortspiel Literatur e.V.

1. Auflage

ISBN 978-3-935500-27-2

Umschlaggestaltung/Illustrationen
Frank W. Kallweit
Fotos Umschlag:
(Front) Retrostar – Fotolia
(Back) Matthias Wessel
Gedruckt in Deutschland

INHALT

Frank W. Kallweit

Teufelswein zur Moselhochzeit
(Tatort: Mosel)

Ulrike und Karl standen mit ihrem Auto genervt im Stau. Nach Berechnungen ihres Navigationsgerätes hätten sie schon vor einiger Zeit ihr Reiseziel erreicht haben müssen. Doch sie standen auf einer Landstraße eingekeilt von Autos und beobachteten, wie eine düstere Regenfront am Horizont aufzog. „Das soll nun unser Sommer sein? So kalt und nass", seufzte Ulrike.
Zwei Monate vor Reiseantritt hatte Ulrike eine SMS-Nachricht von ihrer Freundin erhalten: Termin 27.08 unbedingt blockieren, streng vertraulich! Ulrike hatte beim Lesen dieser Nachricht gegrinst. Sie hatte dann dieselbe SMS noch einmal laut vorgelesen. Anschließend hatte sie sich direkt an ihren Ehemann gewandt, der neben ihr auf der Wohnzimmer-Couch gesessen hatte: „Weißt du, was das bedeutet?"
Karl hatte verneint. Was hätte er diesen mysteriös klingenden Worten entnehmen sollen?
Die Antwort hatte Ulrike selbst prompt folgen lassen. „Die beiden heiraten jetzt doch!"
Die beiden, ihre Kölner Freunde Sabrina Rot und Hardy Gibbs, hatten sich nach einem Jahrzehnt ohne Trauschein entschlossen, nun endlich amtlich besiegelt den Bund der Ehe zu schließen.

Dieser Schritt sollte fernab ihrer Heimatstadt in einem kleinen Ort an der Mosel umgeben von Weinbergen vollzogen werden. Nur vier Freunde sollten das Paar nach ihrem Wunsch als Zeugen auf dem Weg ins Eheleben begleiten. Hardys langjähriger Freund Kai Schumacher und seine Frau Stella aus Köln gehörten zu dem kleinen Kreis. Die beiden anderen Auserwählten waren Ulrike und Karl Menden, die auf dem Weg aus dem Sauerland Stau und Regenfront irgendwann überwanden, um verspätet ihr Ziel, den Winzer Peer Batz, in dem kleinen Moselörtchen Reil zu erreichen. Das Winzerpaar hatte bei den zuvor eingetroffenen Gästen aus Köln schon erfolgreich mit Riesling-Sekt Trost gespendet. Die Runde saß in dem gemütlichen Probierzimmer, von dem auch der Teufel Besitz ergriffen hatte. An einer Wand hing eine große hölzerne Teufelsmarionette, die auf die Trinkenden schaute.
Und die passende Sage gab's vom Winzer zum Wein dazu: „Vor langer, langer Zeit hatte der Pfalzgraf beim Spiel seine Seele an den Teufel verloren. Alle seine Weine hatte er geboten, um seine Seele wieder auszulösen. Nur wenn er dem Teufel den besten Wein der Welt bringen würde, werde seine Seele vor dem Fegefeuer bewahrt. Jedes Jahr aufs Neue brachte der Pfalzgraf seine Weine. Doch keiner war gut genug. Der Pfalzgraf war unterdessen alt und krank geworden. Bald schon würde seine Seele die Erde verlassen.

Schon rieb sich der Teufel die Hände und begann, die Hölle zu heizen, die genau unter den Hängen der Reiler Weinberge lag. Dort wuchs, von der höllischen Hitze geschürt, ein Moselwein, so gut wie ihn noch nie zuvor ein Mensch geschmeckt hatte. Der Graf servierte dem Teufel diesen Wein, der beim Genuss des Tropfens vor Entzückung das Fegefeuer vergaß. Ja, das ist der beste Wein, ein echter Teufelswein."
Beim Klang der Gläser, gefüllt mit echtem Teufelswein, vergaßen auch die Sauerländer schnell die Strapazen der Anreise. Da der folgende Tag mit Hochzeit, anschließendem Festmahl und abendlicher Weinverköstigung bei ihrem Winzer ausgefüllt war, beschlossen die sechs Köpfe der Hochzeitsrunde, die trockene Witterung auszunutzen.
Die Gruppe hatte schon häufig Wochenenden an der Mosel verbracht, stets das konstante Wetter gelobt, die vielen Sonnenstunden genutzt und waren oft den Mosel-Höhenweg entlang gewandert. Direkt im Moseltal war es auch an jenem Freitagnachmittag sonnig und die Weinberge strahlten eine angenehme Wärme ab. Rund zwanzig Minuten war die Gruppe gewandert, wohl gestimmt und vertieft im Gespräch, als Karl mit seiner Hand schweigend auf das gegenüberliegende Flussufer wies. So etwas hatte der Sauerländer noch nie gesehen, obwohl er häufig in der Natur wanderte und mit seinen fünfzig Lebens-

jahren schon einige Erfahrungen gesammelt hatte. Der Mann fand für dieses Phänomen keine Worte. Es war, als hätte die Hölle den Himmel verschluckt. Auch seine Begleiter schauten staunend auf diese seltsame Wand. Ein tiefschwarzer Himmel schob einen grauen Vorhang langsam, aber stetig, auf die Wanderer zu.
„Wir haben nicht mehr viel Zeit. Ein riesiges Unwetter kommt auf uns zu!“, versuchte Karl den Ernst der Situation in Worte zu kleiden. Dann setzte er sich im Laufschritt, gefolgt vom Rest der Hochzeitsgesellschaft, in Bewegung, um die offenen Weinberge hinter sich zu lassen und im nahen Ort einen Schutz zu suchen. Der Regen peitschte heftig, als die Gruppe endlich eine rettende Straußenwirtschaft erreichte.
„Der Teufel hat die Pforte der Hölle weit geöffnet“, lachte der Wirt.
Es wurde schlimmer. Hagel setzte ein, der heftig auf alles einschlug. Eisbälle in der Größe von Tennisbällen ließen Autoscheiben zerspringen. Selbst Dachziegel wurden durchschlagen. Die fast reifen Trauben wurden von ihren Weinstöcken gerissen. Nach nur wenigen Minuten war der teuflische Spuk vorbei. „Das ist ja das richtige Hochzeitswetter“, spottete Karl.
„Hoffentlich steht unser Standesamt noch“, warf die Braut ängstlich ein.
Ihre Befürchtung war nicht ganz unbegründet. Wie sie wenig später erfahren sollte, hatte es

Kröv, den Ort der Trauung, am schwersten getroffen.
Das Standesamt war vom Unwetter verschont geblieben. Auf den Fahrzeugen der Hochzeitsgesellschaft hatte der Hagel jedoch seine eindrucksvollen Spuren hinterlassen. Aus den glatten Oberflächen wurden Profile mit Bergen und Tälern. Die verbeulten Autos suchten am nächsten Morgen mit ihren festlich gekleideten Insassen den Weg über verschmutzte Straßen, die das Unwetter in seiner eigenen Art dekoriert hatte. Doch die Hölle schien sich zurückgezogen zu haben. Nach letzten Regenschauern lugte sogar die Sonne hervor und beleuchtete den offiziellen Teil der Trauzeremonie. Ja-Wort, Ringe und gute Wünsche wurden getauscht. Das Ganze wurde mit Unterschriften besiegelt und Sekt begossen. Dann folgte das festliche Mahl im Mosel Hof, direkt an der Reiler Uferpromenade.
Nun sollte gut und reichlich aufgetischt werden. Der Restaurantchef hatte die Hochzeitsgesellschaft herzlich empfangen, aber mit sichtlich ernster Miene darauf hingewiesen, dass sein Küchenchef kurzfristig erkrankt sei. Wenn es Verzögerungen geben sollte, so bat er schon einmal vorab, dies zu entschuldigen. Das jungvermählte Paar hatte am Restaurant stets den stilvollen und dennoch familiären Service und ganz besonders die exzellente Küche geschätzt. Die positive Stimmung der Hochzeitsfeier konnte der Hinweis

des Gastronomen nicht trüben. Ein Wunsch überstrahlte alle Zweifel, der besondere Tag sollte festlich gefeiert werden. Ein Blick in die Weinkarte zauberte ein Lächeln in das Gesicht der Braut.
„Echter Teufelswein, der Wein von unserem Lieblingswinzer Peer Batz. Da kann ja nichts mehr schief gehen", bei diesen Worten wurden die Speisenkarten beiseitegelegt.
Wenig später wurde schon mit vollen Gläsern zugeprostet. Wer gut trinken möchte, der braucht natürlich auch eine Grundlage. Das servierte Bärlauchsüppchen war nicht nur optisch und geschmacklich ein Genuss, es beseitigte auch das erste Hungergefühl und stärkte das Wohlbefinden. Aus der Karte wählte die Hochzeitsgesellschaft verschiedene Hauptgerichte. Neben Zanderfilet im Gemüsemantel wurde auch Hüftsteak vom Weiderind bestellt. Allein der Bräutigam entschied sich für deftigen Rostbraten in Kräuterkruste mit Kartoffelklößen. Anschließend wurde viel geredet, gelacht, getrunken und geschlemmt. Zwei weitere Flaschen des Teufelsweins wurden geleert. Die gesamte Hochzeitsgesellschaft war in Feierstimmung. So schien es jedenfalls bis zu dem Moment, als sich der Bräutigam von seinem Stuhl erhob.
„Irgendwie fühl ich mich nicht so gut", hauchte er gequält in die Runde.

„Ein paar Stunden verheiratet, schon macht er schlapp!“, spottete Karl.
„Ich geh mal zur Toilette“, ergänzte Hardy.
„Ein paar blaue Pillchen einwerfen, für die Hochzeitsnacht?“, wollte Karl Stimmung machen.
Hardy zeigte keine Reaktion. Karl und Kai lachten laut.
Die Braut schwieg versteinert.
“Schatz, ist alles in Ordnung?“, bei der Frage blickte Sabrina ängstlich in Hardys Augen.
Der frisch gebackene Ehemann nickte mit einem gezwungenen Lächeln.
„Hardy hat nur Angst vor der Hochzeitsnacht!“ Karls Spruch verklang ohne Resonanz im Raum.
Die Minuten bis zur Rückkehr des Ehemanns verbrachten Braut und Freunde schweigend. Ein merkwürdiger Schleier hatte sich auf die Stimmung gelegt und drohte diese zu ersticken. Der schwere Gang, stolpernd, fast taumelnd, kündigte den Rückkehrer an.
„Hast du noch einen Schluck an der Bar genommen?“, setzte Karl seinen Spott fort und durchbrach die Mauer des Schweigens.
Hardys bleiches Gesicht zeigte keine Regung. Mit beiden Händen stützte sich der Bräutigam auf die Tischplatte.
„Sie, Sie Mörder …“, hauchte Hardy fast unverständlich seiner Frau und seinen Freunden zu.
Danach konnten die Hände seinen Körper nicht mehr abstützen. Hardy sackte in sich zusammen.

Sein Kopf sank nach vorn in Richtung Tischplatte. Die Stirn tauchte in die Bratensoße auf seinem Teller ein. Braut und Freunde waren aufgesprungen. Entsetzen, Panik und Angst beherrschte ihr Handeln. Unkoordiniert schüttelten und rüttelten sie am regungslosen Körper. Die Braut schrie hysterisch. Längst hatte der Wirt schon die außergewöhnliche Situation wahrgenommen und einen Krankenwagen gerufen. Er koordinierte die Rettungsmaßnahmen. Auf seine Anweisung legten sie den leblosen Körper auf den nackten Boden. Mit Herzdruckmassage und Beatmung versuchten die Männer, Hardy ins Leben zurückzurufen. Erst der eintreffende Notarzt beendete die Wiederbelebungsversuche und konnte nur noch den Tod feststellen.

Hauptkommissar Sion hatte zwei Jahrzehnte lang seinen Dienst in Köln versehen. Wenn du jung bist, so seine Meinung, dann hat eine solche Metropole schon seine Reize. Doch mit den Jahren hatte er sich überreizt gefühlt durch Lärm, Autoblechlawinen, der ewigen Parkplatzsuche und vor allem den Menschenmassen in der Großstadt. So hatte er vor zwei Jahren die Flucht aufs Land angetreten.

Damit hatte er auch gleichzeitig einen Schlussstrich unter seine nervenaufreibende Liebesbeziehung zu einer spanischen Tänzerin gezogen. Sein Ziel war nun Ruhe und Ausgeglichenheit. Beides suchte er in einem kleinen 200-Seelen-Ort an der Mosel. Das Örtchen lag ganz in der Nähe seiner neuen Dienststelle in Koblenz. Doch die Erinnerung an seine alte Heimatstadt blieb allzu lebendig, insbesondere seit die Bundesgartenschau in Koblenz eröffnet hatte. Die Gartenschau lockte große Touristenströme nicht nur ans Deutsche Eck, sondern überschwemmte auch die Innenstadt mit Menschenmassen. Deshalb war Sion gern bereit, an jenem Samstagnachmittag der Stadt den Rücken zu kehren, um eine Dienstreise nach Reil anzutreten. Die Folgen des Unwetters am Vorabend und die damit verbundenen Straßensperren verlängerten seinen Weg und die Reisezeit. Dies bekümmerte den Polizisten nicht im Geringsten. Er genoss einfach den Blick auf die steilen Weinberge und den Fluss, der sich kraftvoll durch die Hügel hindurchschlängelte. Beim Überqueren der letzten Moselbrücke sah der Ermittler bereits, dass die Uferpromenade des Zielortes von seinen Kollegen weitläufig abgesperrt worden war. Kriminaltechnik und Gerichtsmediziner waren im Mosel Hof mit der Spurensicherung beschäftigt. Sion verschaffte sich einen ersten Eindruck vom Tatort, der bereits einige Veränderung aufwies. Die gravierendste Änderung war sicherlich, dass die Leiche bereits in die Gerichtsmedizin überführt worden war.

„Saß hier das Opfer?“, richtete der Ermittler die Frage an einen uniformierten Kollegen.

Sion wies mit dem Zeigefinger der rechten Hand auf einen Stuhl, in dessen Umgebung sich weiße Markierungen befanden. Der Hauptkommissar versuchte, in seinem Kopf ein vollständiges Bild des Tatortes zusammenzusetzen.
Sein Kollege antwortete wortlos mit einem Nicken.
„Erschossen oder erstochen wurde das Opfer wohl eher nicht? Sind ja keine Blutspuren zu sehen“, bei seinen Worten schaute Sion erwartungsvoll in das regungslose Gesicht des Kollegen.
Doch dieser nickte nur stumm.
„Woher wissen wir, dass das überhaupt hier ein Fall für uns ist? Lassen Sie sich doch nicht jedes Wort einzeln aus der Nase ziehen!“, die Stimme des Hauptkommissars wurde energischer.
Einen besseren Überblick über den Tatort erhoffte sich der Kommissar durch die Fotodokumentation seiner Kollegen.
„Das gibt’s doch gar nicht. Das ist ja der wilde Hardy“, kommentierte der Ermittler die Fotos des Opfers. „Zehn Jahre hat Hardy im Knast gesessen für seine Banküberfälle. Seine Beute wurde nie gefunden. Gab es hier eine Feier?“, mit dieser Frage wandte er sich an den Chef des Hauses, der neben dem wortkargen Polizisten stand.
Der Wirt, dem der Schrecken über die Ereignisse noch ins Gesicht geschrieben stand, antwortete:

„Eine kleine Hochzeitsgesellschaft und nun ist der Bräutigam tot.“

„Der wilde Hardy. Und wo ist der Rest?“, wollte Sion wissen.

Der Wirt starrte auf die leere Flasche Teufelswein: “Welcher Rest? Die ist doch leer!“

„Die anderen Personen der Hochzeitsgesellschaft, die suche ich“, ergänzte der Ermittler.

„In der Bauernstube“, antwortete der Wirt mit zittriger Stimme.

In der Bauernstube bot sich dem Ermittler ein merkwürdiges Bild. Zwei Männer in dunklen Anzügen liefen in der Stube auf und ab. Drei festlich gekleidete Frauen saßen zusammengekauert auf einer rustikalen Eckbank.

Der Hauptkommissar nutzte einen nahegelegenen Verwaltungsraum für seine Vernehmungen. Zuerst befragte er eine der Freundinnen der Witwe, um sich den Ablauf des Tages genau schildern zu lassen. Dass der Tote einfach ohne Vorzeichen beim Essen am Tisch zusammengebrochen sein sollte, war für den Ermittler keine Neuigkeit.

„Sie, Sie Mörder … Sie, Sie Mörder, hat Hardy nur gesagt, bevor er tot zusammenbrach. Was heißt das?“, Ulrike schaute den Ermittler fassungslos an.

Eigentlich sollte der Polizist die Fragen stellen. Doch jetzt schlüpfte er in die Rolle des Befragten.

„Könnte auch Sissi heißen. Sissi ist der Mörder“, antwortete der Kommissar.

„Sissi, Sissi, das ist doch absoluter Blödsinn. Wer soll denn diese Sissi sein?“, Ulrike schien an der Kompetenz ihres Gegenübers zu zweifeln.
„War ja nur so eine Idee“, versuchte dieser sich zu entschuldigen.
„Es war wahrscheinlich einer aus Ihrem Kreis, einer von Ihnen, Sie, Mörder, Sie“, präsentierte der Polizist seine neue Lösung.
„Quatsch, er hat uns doch alle geduzt und ansonsten war bei seiner Rückkehr keiner im Raum“, Ulrike klang erregt, vielleicht sogar erbost über Sions Ausführungen. Dieser trat den Rückzug an und beendete die Befragung.
Es folgte Karl, Ulrikes Ehemann. Über das Vorleben des Toten und seine berufliche Tätigkeit konnte oder wollte Karl keine genauen Angaben machen.
„Hardy war irgendwie Finanzmakler. Ich glaube, er hatte mit großen Geldgeschäften zu tun.“ Dies war eine Antwort, die Sion nicht überzeugte.
Dann überraschte der Freund des Opfers den Ermittler: „Ich möchte gleich die Karten offen auf den Tisch legen. Verschweigen bringt ja nichts, kriegen Sie ja sowieso raus.“
Sion platzte fast vor Neugier.
„Ich hab im Dortmunder Spielcasino einiges verzockt. Bei Hardy stand ich mit 50.000 Euro in der Kreide“, führte Karl ruhig aus.

„Ja, der wollte sein Geld zurück, da haben Sie ihn kurzerhand aus dem Weg geschafft“, setzte Sion mit seiner Theorie ein.
„Nein, nein, so war es nicht. Natürlich wollte er sein Geld zurück. Und ich konnte nicht zahlen. Aber deshalb hab ich meinen Freund doch nicht umgebracht. Er hat mir angeboten, das Geld abzuarbeiten“, nun wich die Ruhe doch einer gewissen Erregung.
„Für 50.000 Euro muss man aber viele Brötchen verkaufen“, konterte der Polizist.
„Wieso Brötchen verkaufen? Kurierfahrten habe ich für ihn durchgeführt, zwei- oder dreimal im Monat. In einem Jahr wollte er mir die Schulden erlassen“, versuchte der Befragte seine Ausführungen sachlich fortzusetzen.
„Und welche heiße Ware haben Sie durch die Gegend kutschiert?“, wollte Sion genauer in Erfahrung bringen.
„Das weiß ich nicht. Ich habe Fahrten in die Schweiz und nach Luxemburg unternommen. An vorgegebenen Stellen musste ich das Fahrzeug abstellen und verlassen. Nach einer Stunde oder zwei sollte ich das Auto dann wieder nach Deutschland überführen“, führte der Befragte aus.
„Das hört sich ja spannend an. Erfunden haben Sie da nichts? Entlastet haben Sie sich mit Ihrer Aussage nicht gerade. Zurzeit sind Sie mein Hauptverdächtiger!“, diese Worte brachten den Befragten zum Schweigen.

„Wenn Hardy vergiftet worden war, dann durch die Getränke oder die Speisen“, dachte der Kommissar laut nach. Er ließ Karl am Tisch sitzend zurück und ging ohne eine Erklärung aus dem Zimmer.
Sion lief direkt auf den Wirt zu.
„Wo waren Sie eigentlich, als das Opfer von der Toilette zurückkam und kurze Zeit später am Tisch zusammenbrach?“, erwartungsvoll blickte Sion in das Gesicht des Restaurantchefs.
„Ich stand genau hier am Tresen. Hab ziemlich lange mit dem Peer Batz telefoniert. Beim Weinfest baut er seinen Stand hier an der Promenade auf. Wir müssen abstimmen, welche Räume er mitbenutzen kann. Ach ja, eine neue Weinbestellung habe ich auch aufgegeben“, versuchte der Wirt sein Alibi glaubhaft zu machen.
„Ist Ihnen in dieser Zeit irgendetwas aufgefallen?“, wollte Sion genau wissen.
„Nein, was sollte mir denn aufgefallen sein?“ Die Frage hatte der Restaurant-Chef offensichtlich mehr an sich selbst gerichtet. So schwieg er einen Moment lang und schien in seiner Erinnerung zu kramen. „Doch!“, seine Augen leuchteten bei diesem einen nichtssagenden Wort.
Der Kommissar wirkte angespannt. “Was war denn?“, der Ermittler hoffte auf eine schnelle klärende Antwort.
„Chantal ist aus der Küche gekommen.“

Sion schaute den Wirt fragend an. „Wer ist Chantal?“
„Chantal ist seit sechs Wochen unsere Beiköchin. Kam vom Rhein an die Mosel.“
„Also diese Chantal war in der Küche. Wer war noch in der Küche?“
„Niemand, unser Chefkoch hatte sich heute Morgen wegen Magen- und Darmproblemen überraschend krankgemeldet“, antwortete der Wirt kurz und knapp.
„Zu viel Riesling getrunken. Die Säure vertrag ich auch nicht. Ich bleib lieber beim Kölsch“, brachte der Ermittler seine eigenen Erfahrungen ein.
„Nein, der war noch nie krank. Wenn der sich krank meldet, dann muss es schon ziemlich ernst sein. Heute mittag hatte nur die kleine Hochzeitsgesellschaft reserviert, da musste es ohne ihn gehen. Abends kommt dann die Verstärkung. Unser Jungkoch ist früher als geplant aus dem Urlaub zurückgekehrt“, versuchte der Wirt die momentane Arbeitssituation zu erläutern.
„Dann stellen Sie mir doch am besten mal Ihre neue Küchenkraft vor“, forderte Sion.
Der Wirt ging in die Küche. Der Kommissar und ein uniformierter Kollege folgten.
„Das gibt’s doch gar nicht. Die Küche ist leer“, kommentierte der Wirt die Situation.
Da die Gesuchte sich weder im Restaurant noch in ihrem möblierten Zimmer im benachbarten

Hotelgebäude befand, ließ der Ermittler die Köchin zur Fahndung ausschreiben.
„Haben Sie auch ein Foto von der flüchtigen Person?“, wollte Sion wissen.
Der Wirt reichte dem Ermittler ein Foto aus der Personalakte der Küchenkraft.
„Das ist die Chantal?“, fragte Sion nachdenklich.
Der Wirt nickte.
„Irgendwie, ich weiß nicht …“, nach den unverständlichen Worten schwieg der Hauptkommissar nachdenklich.
„Ne, das ist nicht Chantal. Gut, die Frisur hat sich geändert. Das ist ja schon ein paar Jahre her. Klar, das ist die Elke. Bonnie und Clyde - das Traumpaar aus Kölle“, vor Begeisterung schlug sich der Ermittler mit der flachen Hand auf seine Stirn.
Diese Worte führten bei seinem Gesprächspartner zur Verwirrung.
„Haben die nicht in Amerika in den 1930er Jahren ihr Unwesen getrieben?“, wollte der Wirt jetzt genauer wissen.
„Vor zwanzig Jahren waren die flüchtige Küchenkraft Elke und das Opfer Hardy richtig berühmt. Die hatten sogar einen eigenen Themenwagen im Rosenmontagszug. Überlebensgroß als Pappmaschee-Figuren fuhren sie mit den anderen Berühmtheiten durch die Altstadt. Der wilde Hardy hatte mit dem Fotomodell Elke zusammen Banken überfallen. Gekleidet waren die beiden

im Stil der 30er Jahre. So erhielt das junge Ganovenpaar in den Schlagzeilen der Boulevardpresse schnell den Namen Bonnie und Clyde. Bonnie, Elke meine ich, wurde beim Schuhkauf von einem Streifenpolizisten erkannt und verhaftet. Für eine Strafminderung hat sie ihren Komplizen einfach verpfiffen. Doch man erzählt sich, dass nur Hardy wusste, wo die Beute versteckt war", berichtete der Ermittler.
Der Wirt wirkte nachdenklich.
„Ich erinnere mich daran. Ja, jetzt verstehe ich auch, warum diese Elke mich genau gefragt hat, welche Hauptspeisen Bräutigam und Braut bestellt hatten. Der Bräutigam hatte als Einziger den Rostbraten in Kräuterkruste mit Kartoffelklößen gewählt", erklärte er betrübt.
„Ja, ja die Elke, die hat jetzt in der Kölner Altstadt einen kleinen Gemüse- und Kräuterladen. Die Kräuterhexe wird sie genannt. Die weiß ganz genau, was im Garten wächst und wem es nützt oder schadet", war sich Sion sicher.

Die Fahndung wurde nach nur wenigen Tagen erfolgreich beendet. Elke wurde im Großraum Köln von der Polizei gefasst. Die durchgeführte Obduktion bestätigte Sions Vermutungen. Eine tödliche Kräutermischung hatte Hardy wohl am Hochzeitstag direkt in den Schlund der Hölle befördert. Sabrinas Trauzeugin Stella hatte Elke auf einer Schmuckparty zufällig getroffen. Das eine

oder andere Gläschen Sekt hatte Stella redselig werden und über die bevorstehende geheime Trauung plaudern lassen. Elke hatte bei Hardy ihren Teil der Beute von den gemeinsamen Banküberfällen immer wieder eingefordert, immer vergebens. Er hatte sie nur beschimpft und verachtet. „Eher fahr ich in die Hölle, bevor ich dir auch nur einen Cent zahle", hatte er ihr entgegnet. Als Rache war Elke ihm wohl bei seiner letzten großen Reise behilflich gewesen.
Der Kommissar blickte auf seine Berichtsnotizen. Teufelswein, verhagelte Hochzeit und eine Kräuterhexe als Hauptverdächtige. „Diesen Bericht beginne ich lieber mit: Es war einmal..."

Unser Wein zur „Moselhochzeit“:

Teufelswein Riesling
Feinherb

Weingut Peter Barzen
Bergstraße 28
56861 Reil

www.weingutpeterbarzen.de

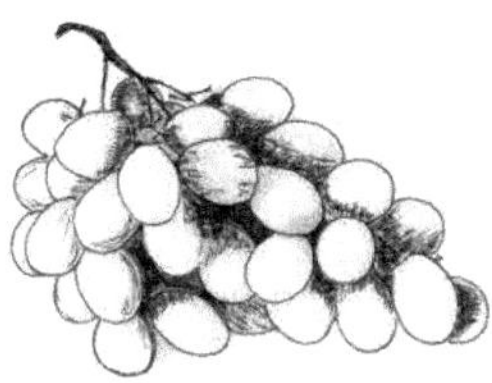

Astrid Kallweit

Murks muss weg!
(Tatort: Pfalz/Südliche Weinstraße)

Roland Schenk blickte sich zufrieden um. Die Sonne stand schon recht tief und zauberte ein wunderbar warmes Licht auf die Weinberge und das Hambacher Schloss, das über dem Land thronte. Roland stand oberhalb seines Wingerts „Sonnenberg“ und streckte seinen Rücken. „Für heute reicht es“, murmelte er leise vor sich hin. „Mein Kreuz tut weh. Mit 45 ist man eben auch nicht mehr der Jüngste.“ Es war Mitte Mai und das Grün an den Rebstöcken war schon sehr kräftig. „In der nächsten Woche wird es Zeit, mit dem Spritzen zu beginnen.“ Roland liebte es, auf seine Weinberge zu blicken. Es machte ihn sehr glücklich, wenn er sah, wie gut seine Reben sich entwickelten. Roland war groß und kräftig gebaut. Seine Haare waren noch sehr voll. An einigen Stellen färbten sie sich inzwischen grau, was den Frauen in der Regel gefiel. Wäre er Single gewesen, hätte er sicher eine ganze Menge Verehrerinnen unter den Dorfbewohnerinnen gehabt.
Roland hatte vor einigen Jahren ein altes Weingut in St. Michael übernommen. Schon in jungen Jahren war der Beruf des Winzers sein Traum gewesen. Nach dem Abitur hatte er an der Fachhochschule Bingen studiert. Um sein Wissen zu

vertiefen, arbeitete er danach fünf wundervolle Jahre auf einem Weingut in Neustadt als Jungwinzer. Dort hatte er in dem erfahrenen Albert Reimann einen guten Lehrmeister gefunden und bei ihm gelernt, dass sorgfältige Handarbeit und das Produzieren von Klasse statt Masse das A und O eines guten Weines sind. Roland war wissbegierig und hatte viel gelernt. Er hatte den Job bei dem ruhigen und besonnenen Winzer geliebt. Sein Chef und er machten wundervolle Weine ohne viel Schnickschnack, von hoher Qualität. Auf diesen Erfahrungen konnte er jetzt im eigenen Keller aufbauen. Die sonnigen Weinlagen, die ihm gehörten, brachten Jahr für Jahr fantastische Trauben hervor, sodass sein Weingut bald zum Geheimtipp unter den Sommeliers wurde. Inzwischen konnte er sich über unzählige Auszeichnungen freuen. Besonders stolz war er darauf, dass er es im letzten Jahr bis in den Gault Millau geschafft hatte.

Ohne die Unterstützung seiner wunderbaren Frau Rebecca wäre das alles nicht möglich gewesen. Sie war die Seele des Unternehmens. Nicht nur, dass sie überall mit anfasste, wo es notwendig war, sie unterstütze ihn auch mit Rat und Tat im Weinkeller und kümmerte sich in ihrer fröhlichen Art um die Kunden. Rebecca war seine Traumfrau. „Sie ist wundervoll“, dachte Roland, während er von ihren üppigen Rundungen träumte. Roland war wirklich glücklich. Der einzige Wermutstropfen war der ständige Ärger mit Murks. Der im Ort überaus unbeliebte Besitzer des protzigen Nobelhotels am Ortseingang besaß einige der besten Weinlagen. Aus Rolands Sicht hatte er aber keine Ahnung davon, wie man Spitzenweine produziert. Murks Weine waren nicht mehr als mittelmäßig. „Da kann ich mir auch eine Flasche bei Aldi kaufen, der ist billiger und mindestens genauso gut“, sagte Roland immer zu Rebecca, wenn die Sprache auf die Weine von Otto Murks kam.

Doch scheinbar gab es Weinkenner, die anderer Meinung waren. Im letzten Frühjahr hatte Roland mit seinem Prachtwein, dem Auxerrois, bei der Landwirtschaftskammer Rheinland Pfalz an der Prämierung teilgenommen. Es handelte sich um seinen Lieblingswein des Jahrgangs und auch Rebecca war davon überzeugt, dass die goldene Kammerpreismünze durchaus in greifbarer Nähe war. Wie enttäuscht war Roland dann über Bronze gewesen, nur Bronze für seinen geliebten Auxerrois. Das Schlimmste an der Sache war aber, dass der dicke Murks Gold abgesahnt hatte.

Roland war frustriert, als er nach der Prämierung nach Hause kam. Seine Frau stand im Probierraum seines Weingutes mit ihrer Freundin Sabrina bei einem Gläschen Secco. Die Frauen waren beide recht groß und sehr temperamentvoll, ansonsten aber sehr verschieden. Während Rebecca, wenn sie nicht gerade im Weinberg arbeitete, gerne Kleider mit großzügigem Ausschnitt trug, die ihre üppigen Rundungen zur Geltung brachten, war Sabrina eher der sportliche und sehr schlanke Typ. Sie trug gerne enge Jeans mit schlichten T-Shirts oder Pullis, denen man ansehen konnte, dass sie sehr teuer waren. Rebecca hatte wunderschöne lange dunkle Haare, die sie bei der Arbeit häufig zu einem Zopf zusammenband. Die blonde Freundin trug einen flotten Kurzhaarschnitt. Sabrina bewirtschaftete das „Barrique“, ein nettes, kleines Restaurant unterhalb der Kirche von St. Michael. Sie war immer auf der Suche nach einem guten Tropfen, den sie ihren Gästen präsentieren konnte, und war dabei beim Winzer Schenk meist erfolgreich. Die beiden Frauen waren häufig zusammen, wann immer die knappe Zeit es zuließ.

Normalerweise bekam Roland gute Laune, wenn er die Zwei sah, weil sie immer viel Spaß zusammen hatten. Doch als er heute in den Probierraum trat, war er wütend und enttäuscht. „Hallo, mein Schatz, hallo, Sabrina, ihr könnt euch nicht vorstellen, was heute passiert ist.“ Roland raufte sich die vollen Haare. „Mein Auxerrois hat nur Bronze bekommen, aber was das Schlimmste ist“, Robert schnaufte wütend, er bekam fast kein Wort mehr heraus. „Der Auxerrois von Murks hat Gold bekommen. Gold für einen mittelmäßigen Murkswein. Ich glaube es immer noch nicht. Ich bin so wütend. Das kann doch nicht mit rechten

Dingen zugehen. Der versoffene Otto. Wie hat der das nur geschafft?“
Rebecca legte ihrem Mann beruhigend die Hand auf die Schulter. Innerlich kochte sie auch. „Jetzt trink erst einmal ein Schlückchen mit uns. Reg dich nicht so auf Liebling, damit änderst du doch nichts.“
Auch Sabrina war fassungslos. „Dass der Otto für sein Gesöff Gold bekommen hat, ist doch wohl ein Witz. Der ganze Kerl ist ein Witz. Wisst ihr noch, wie er im letzten Jahr bei der Jungweinprobe im Bunker neben seinem Stand überall Lavendel drapiert hatte. Da konnte man vom Wein wirklich nichts mehr riechen. Man hatte nur noch Lavendel in der Nase, was bei dem Murkswein wahrscheinlich sogar eine Wohltat war. Arbeiten kann der auch nicht. Dafür hat er ja auch seine Leute. Während andere Winzer sich im Weinberg abrackern, sitzt der auf dem Bänkchen über der Marienstatue im Berg, genießt die Aussicht und lässt sich volllaufen. Da kann doch kein Wein mit Herzblut entstehen. Dem Murks ist doch nur der Profit wichtig. Der versucht mit allen Mitteln Geld zu scheffeln. Mit einem ‚goldenen Wein‘ geht das eben besser, als mit einem Massenprodukt. Außerdem wird der immer dicker und unbeweglicher. Mit seiner Gesundheit ist es auch nicht weit her. Seine Tochter, die dicke Franziska war neulich im ‚Barrique‘ und hat mir erzählt, dass sie sich Sorgen um ihren Vater macht. Das

Herz von dem alten Fettsack scheint wohl ziemliche Probleme zu machen. Sie hat Angst, dass er eines Tages nicht mehr von der Bank bei der Maria hochkommt."

„Na ja, es wäre ja auch nicht schade um ihn", warf Rebecca kichernd ein. „Vielleicht sollten wir mal nachhelfen und ihm ein bisschen Gift in seinen Wein mischen. Schmecken wird er das sowieso nicht."

„Was wollt ihr denn noch trinken?", fragte Roland dazwischen.

Die beiden Frauen entschieden sich für einen St. Laurent. Der Winzer holte eine Flasche aus dem Keller, während Rebecca die Rotweingläser bereit stellte.

Das Thema Murks ging den dreien an diesem Abend nicht aus dem Kopf. „Wenn ich noch mal darüber nachdenke, glaube ich so langsam, dass das nicht mit rechten Dingen zugeht. Vielleicht hat der Murks die Jury gekauft. Das ist ja nicht das erste Mal, dass seine Weine viel zu gut abschneiden", meinte Rebecca eine Weile später.

Sabrina nickte zustimmend, aber Roland winkte ab: „Das kann nicht sein. Denkt doch mal nach, Mädels. Von der Jury kann man niemanden manipulieren, selbst wenn man das wollte. Auch wenn der Murks ein Vermögen bieten würde. Es funktioniert nicht. Die Verkostung erfolgt blind."

Sabina betrachtete die beiden und schüttelte den Kopf. „Ich glaube, der reiche Sack dreht da ir-

gendein krummes Ding. Ich habe auch schon eine Idee, wie er das anstellt. Der kauft nicht die Jury. Die Schwachstelle muss woanders liegen. Die Mitarbeiter der Landwirtschaftskammer legen die Reihenfolge der Weine fest. Neben einem Spitzenwein bekommt man meist eine schlechtere Bewertung als neben einem mittelmäßigen Wein. Außerdem müssen die Mitarbeiter das Ergebnis auswerten und die Bewertungen den entsprechenden durchnummerierten Weinen zuordnen. Wenn du die kaufst, hast du die Sache im Griff. Jetzt ratet mal, wer dafür verantwortlich ist. Na?"
Roland und Rebecca zuckten ratlos mit den Schultern.
Sabrina warf den beiden einen triumphierenden Blick zu. „Wenn man ein Restaurant hat, bekommt man viel über seine Gäste mit, ob man will oder nicht. Ihr kennt doch die dürre, rothaarige Berta, die oben auf der Totenackerstraße neben dem Jupp wohnt."
„Jau, die kenne ich, die ist so hässlich, da schaut man als Mann gar nicht so genau hin. Kein Arsch in der Hose und Titten hat die auch nicht."
Rebecca schüttelte den Kopf über die derben Worte ihres Mannes.
Sabrina blickte die beiden verschwörerisch an. „Soweit ich informiert bin, hat die mit dem dicken Murks ein Techtelmechtel am Laufen. Die hässliche Kuh will ja schließlich auch mal einen Mann im Bett haben. Besser den dicken Otto als

gar keinen Mann. Der soll sich angeblich mit ihr auf seinem Lieblingsplatz getroffen haben. Da sollen die beiden am helllichten Tag quasi hinter dem Rücken der Madonna geknutscht haben."
Rebecca rollte die Augen: „Das möchte ich mir wirklich nicht vorstellen."
Sabrina kicherte: „Ne, das möchte man wirklich nicht. Also bevor ich den Murks nehmen würde, ginge ich lieber ins Kloster."
Die drei tranken noch ein Gläschen, bevor Sabrina sich auf den Heimweg machte.

In diesem Jahr sollte in St. Michael wieder eine neue Weinprinzessin gewählt werden. Am ersten Samstag im Juni war es soweit. Auf das Ereignis freuten sich die Dorfbewohner schon das ganze Jahr. Auch Rebecca war schon ganz gespannt, welche der hübschen jungen Mädchen heute die Glückliche sein würde. Sie selbst wollte natürlich auch eine gute Figur abgeben. Deshalb hatte sie bereits ihr Lieblingskleid und die schwarzen Pumps angezogen. Die langen lockigen Haare, die sie heute offen trug, ließen sie sehr jung und weiblich aussehen. Sie warf noch einen zufriedenen Blick in den Spiegel. Wann würde Roland endlich herunter kommen? „Dass er auch nie pünktlich fertig werden kann", dachte sie kopfschüttelnd. „Typisch Mann! Aber so sind sie eben. Dabei behaupten sie immer, wir Frauen würden so lange vor dem Spiegel stehen. Wenn der sich nicht ein bisschen beeilt, sind die besten Plätze schon weg.“ Ungeduldig rief sie die Treppe hinauf: „Wie lange brauchst du denn noch? Wir müssen los.“

Als sie endlich an der Kronenburg ankamen, war der Hof schon voller Menschen. Auch Sabrina hatte sich bereits unter die Menge gemischt. Zur Feier des Tages trug auch sie ein Kleid. Der knappe, fließende Stoff ließ ihre schönen, schlanken Beine zur Geltung kommen. Die Kandidatinnen liefen aufgeregt herum. Roland traute seinen Augen nicht. Zwischen den hübschen, jungen Mädchen aus dem Ort, die sich heute zur Wahl stellten, lief doch tatsächlich Franziska Murks herum. „Jetzt sag nicht, dass sich die hässliche, fette Kuh auch zur Wahl stellt. Dreht der Murks jetzt völlig durch?“ Roland konnte es nicht glauben.

Sabrina war wie immer gut informiert. „Wusstet ihr das denn nicht? Darüber hat sich schon das ganze Dorf das Maul zerrissen. Niemand kann verstehen, wieso sie sich das antut. Der letzte Platz ist ihr sicher. Schau dir doch die Mädels an. Da ist eine hübscher als die andere. Nicht nur, dass Franziska hässlich und mit über 30 Jahren viel zu alt ist, unsympathisch und zickig ist sie auch.“

Roland schüttelte den Kopf: „Schaut euch nur ihr Kleid an. Das hat sie wohl in der Abteilung für Zirkuszelte gekauft. Aber das Beste ist, wie die

auf ihren Schuhen herumeiert. Sie sieht aus wie ein Bauerntrampel. Das kommt davon, wenn man sonst nur Turnschuhe und Birkenstockschlappen trägt. Da kann man nicht einfach auf zwölf Zentimeter hohe Pfennigabsätze umsteigen. Ich glaube, ich würde eine bessere Figur auf den Dingern machen.“ Roland trippelte zur Demonstration auf Zehenspitzen um die Frauen herum.
Die beiden kicherten albern.
„Lass dich doch auch zur Wahl stellen. Rebecca leiht dir bestimmt gerne ein Kleid,“ schlug Sabrina vor. „Schaut euch nur an, wie Franziska da herumstolziert. Gleich legt die sich noch auf die Nase. Die ist genauso blöd und unbeliebt wie ihr Vater. Der glaubt wohl, dass er mit Geld alles kaufen kann.“
Er konnte! Zur Überraschung der Dorfbewohner ging die Wahl anders als erwartet aus. Bis heute weiß niemand, wie der alte Murks das gemacht hat. Franziska wurde für die nächsten zwei Jahre zur Weinprinzessin von St. Michael gewählt. Das war ein Schock für das ganze Dorf.
Sabrina konnte es nicht fassen. Ihr taten die hübschen jungen Dinger leid, die sich alle Hoffnung auf den Sieg gemacht hatten. Dieser Murks machte sie echt wütend. „Das ist eine Schande für das ganze Dorf. Ich glaube, heute betrinke ich mich. Wie sieht es aus mit euch beiden Hübschen? Kommt ihr noch mit ins ‚Barrique‘? Ich lade euch ein.“

Rebecca willigte ein. Roland zog es vor, nach Hause zu gehen. Er ging häufig früh ins Bett, da er durch die harte körperliche Arbeit im Weinberg viel Schlaf brauchte. Sabrina öffnete eine Flasche Auxerrois vom Weingut Schenk und es blieb an diesem Abend nicht bei der einen. Dabei gab es nur ein Thema. Die beiden Frauen zogen den ganzen Abend über Otto und seine Tochter Franziska her. „Stell dir vor, was mir neulich der Sohn von Friedchen erzählt hat, als er im ‚Barrique' war", berichtete Sabrina. „Der ist doch mit der blöden Franziska zur Schule gegangen. Dort ging das Gerücht um, dass der alte Murks die Lehrer bestochen hat, um seine Tochter durch das Abitur zu bringen. Ich möchte wirklich gerne wissen, was und wen der mit seinem Geld noch alles kaufen wird. Der gehört nicht nach St. Michael. Der Murks muss weg!", redete Sabrina sich in Rage.
„Der gibt doch nicht freiwillig sein Hotel und sein Weingut auf", warf Rebecca ein. „Das kannst du vergessen."
Sabrina blickte die Freundin verschmitzt an. „Ich glaube, du hast mich nicht verstanden. Ich will ihn nicht bitten, zu gehen. Ich bringe ihn einfach um. Denk doch an sein schwaches Herz. Das ist ganz leicht."
„Das meinst du tatsächlich ernst."
„Ja klar, ich weiß auch schon, wie ich es anstelle. Ich werde ein paar köstliche Frikadellen braten.

Die liebt der alte Fettsack. Das Rezept muss aber etwas verfeinert werden. Neben den normalen Zutaten muss eine große Menge zerstoßene Digitalis verarbeitet werden. Das überlebt ein Herzkranker nicht. Ich werde die Frikadellen mit reichlich frischem Knoblauch würzen, damit er nichts schmeckt. Es wird niemand Verdacht schöpfen, wenn er stirbt. Er hat ein schwaches Herz und trinkt viel zu viel Alkohol. Na, wie findest du den Plan?"
Rebecca war erstaunt, wie exakt ihre Freundin schon vorbereitet war. „Die Sache hat aber einen Haken. Wie willst du ihn denn dazu bringen, deine Frikadellen zu essen? Du willst ihn doch sicher nicht in deinem Restaurant umbringen."
„Lass mich nur machen, du wirst schon sehen."

Einige Wochen später, an einem heißen Augusttag machte sich Sabrina mit ihren Wanderschuhen auf den Weg. In ihrem Rucksack waren die Frikadellen mit den besonderen Zutaten, die sie gestern mit Rebeccas Hilfe zubereitet hatte und eine Flasche Spätburgunder. Die Freundin hatte sie gewarnt. „Halte dich bloß nicht so lange bei ihm auf und pass auf, dass dich möglichst niemand sieht."
Sabrina verließ das Dorf über den Weg an der Kronenburg und kehrte in einem kleinen Bogen weiter unterhalb wieder zurück. Als sie an der Madonna vorbeikam, saß Otto wie gewohnt auf

der Bank, hatte die Ellenbogen auf das Steintischchen gestellt und stützte so seinen Kopf. Dabei genoss er die wunderbare Aussicht und leerte eine Flasche St. Laurent. „Hallo, Otto“, grüßte Sabrina freundlich. „Kann ich mich einen Moment zu dir setzen? Es ist so heiß heute. Ich glaube, es war doch keine so gute Idee, eine Wanderung zu unternehmen. Ich bin völlig erschöpft.“
Otto grunzte nur ein paar unverständliche Worte.
„Die Hitze macht mich echt fertig, ich habe noch nicht einmal meinen Proviant aufgegessen. Ich habe ein paar von meinen Frikadellen dabei, die liebst du doch so. Wenn du willst, kann ich sie dir schenken.“
Otto nickte zufrieden. Sabrina packte die Frikadellen aus dem Rucksack und stellte die Flasche Spätburgunder daneben. „Der ist eigentlich viel zu schade für den alten Murks“, dachte sie.
Dann machte sie sich schnell auf den Heimweg. Otto blickte ihr verwundert nach. Was war denn in die gefahren? Die war doch sonst immer äußerst schnippisch zu ihm. Egal, er hatte Hunger und öffnete das Päckchen mit den Frikadellen. Als er die Alufolie entfernte, kam ihm ein deutlicher Knoblauchgeruch entgegen. Er rümpfte enttäuscht die Nase. Knoblauch konnte er nicht ausstehen. Sonst waren Sabrinas Frikadellen immer anders. Auf diese hier hatte er keine Lust.
Am nächsten Morgen waren Rebecca und Sabrina ganz aufgeregt. Sie gingen zum Bäcker, zum

Metzger, schwatzten mit den Nachbarn und trieben sich den ganzen Vormittag in dem kleinen Ort herum. Nichts passierte. „Soll ich mal nachsehen?“, fragte Rebecca. „Vielleicht hat ihn einfach noch niemand vermisst und er sitzt noch da oben.“

„Untersteh dich“, antwortete die Freundin. „Wir müssen uns unauffällig verhalten.“

Plötzlich kamen ein paar aufgeregt schnatternde Frauen durch die Gasse auf die beiden zu. Sabrina stieß der Freundin den Ellenbogen in die Seite. „Was ist denn passiert?“, fragte sie eine der Frauen.

„Der Bello, der Hund von Hanna, ist tot. Er ist gestern nicht nach Hause gekommen. Sie hat ihn überall gesucht. Er lag im Weinberg und bewegte sich nicht mehr. Hanna glaubt, dass ihn jemand vergiftet hat. Sie behauptete, dass er schrecklich nach Knoblauch stinken würde.“

„Das ist doch Quatsch“, versuchte Sabrina die Frauen zu beschwichtigen. „Der Bello war doch schon alt. Gestern war so eine Hitze, da ist er halt einfach umgekippt. Wer sollte denn hier im Dorf einen Hund vergiften?“

Das klang logisch. Die Frauen beruhigten sich. Ein paar Wochen später war Gras über die Sache gewachsen. Niemand redete mehr über den Vorfall und Hanna war stolze Besitzerin eines neun Wochen alten Welpen, Bello Zwei.

Einige Tage später war Rebecca gerade dabei, die Probierstube aufzuräumen. Die letzten Kunden waren gerade gegangen und sie freute sich auf einen gemütlichen Fernsehabend. Plötzlich wurde die Tür aufgerissen und Sabrina stürmte herein. „Was ist denn mit dir los, meine Liebe? Du siehst ja aus, als wenn dir ein Gespenst begegnet wäre“, begrüßte Rebecca die Freundin.
„Stell dir vor, der Murks wollte mir an die Wäsche. Ich war gerade auf dem Weg zu dir, weil ich noch ein paar Flaschen fürs ‚Barrique‘ bestellen wollte, da kommt er mir entgegen. ‚Na, meine Süße, willst du mich nicht bei Gelegenheit mal wieder auf meinem Lieblingsplatz besuchen? Du brauchst auch keine Frikadellen mitzubringen, du bist lecker genug.‘ Und dann hat er mir doch tatsächlich auf den Hintern geschlagen. Dieser widerliche, fette Kerl. Ich wusste vor lauter Schreck nicht, was ich sagen sollte. Ich habe mich einfach weggedreht und bin weitergelaufen. Jetzt ist das Maß voll! Es muss etwas passieren. Der muss echt weg. Wir bringen den jetzt richtig um.“
Rebecca sah die Freundin besorgt an. „Jetzt beruhige dich erst einmal. Weißt du was? Heute genehmigen wir uns mal einen schönen Winzersekt. Dann geht es dir auch gleich wieder besser.“
Rebecca holte eine Flasche aus der Kühlung und stellte zwei Gläser auf den Tresen. Sie löste vorsichtig die Kappe von der Flasche, doch der Druck war so hoch, dass sie nicht verhindern

konnte, dass der Korken mit einem riesigen Knall aus der Flasche flog.
„Bist du verrückt?", kreischte Sabrina. „Hast du mich erschreckt. Ich hätte fast einen Herzinfarkt bekommen. Du bist doch sonst nicht so ungeschickt."
Rebecca lachte plötzlich triumphierend. „Das ist es", schrie sie laut.
Sabrina sah sie verständnislos an. „Bist du irre? Was ist was? Was redest du denn da für ein wirres Zeug?"
„Na, Herzinfarkt! Du willst den Murks doch umbringen. Du hast selbst gesagt, dass er ein schwaches Herz hat. Wenn du schon so einen Schrecken bei einem kleinen Knall bekommst, dann wird der Otto das sicher nicht überleben. Besonders, wenn er sich gerade den Weg zu seinem Lieblingsplatz hochgeschleppt hat und sein Puls bei 180 ist, ist unsere Chance gut, dass er sofort abnippelt."
„Aber was ist, wenn er die Flasche ganz normal öffnet?", warf Sabrina ein.
„Na, dann müssen wir sie eben so präparieren, dass es zu einer richtigen Explosion kommt, so mit allem Drum und Dran. Die Flasche muss mit einem richtigen Knall auseinanderfliegen, wenn er sie nur berührt. Das haut den um."
Sabrina sah ihre Freundin staunend an. „Das ist ja genial, meine Liebe. Dann lass uns mal gleich mit den Vorbereitungen beginnen, damit wir die Sa-

che so bald wie möglich steigen lassen können. Ich bin ja so aufgeregt. Meinst du es reicht, wenn wir in eine fertige Flasche noch eine ordentliche Portion Hefeextrakt schütten?“
Rebecca nickte. „Das hoffe ich doch. Wir müssen nur einige Zeit warten, bis sich die Wirkung entfaltet.“
Die beiden Frauen machten sich an die Arbeit. Leider musste eine Flasche von dem köstlichen Winzersekt geopfert werden. Rebecca öffnete diese vorsichtig und schüttete einen großen Schluck in ihr Glas. Dann holte sie Hefeextrakt aus dem Keller und füllte die Flasche wieder auf. Nach dem Verkorken sicherte sie den Verschluss mit mehreren Drähten.
„Ich finde, das hast du gut gemacht“, lobte Sabrina. „Jetzt bring das Teil mal in den Keller. Der Rest geht ganz von selbst.“
Als die Frauen irgendwann beschlossen hatten, dass der richtige Zeitpunkt für eine ordentliche Explosion gekommen war, machten sie sich in einer Nacht- und Nebelaktion heimlich auf den Weg zur Madonna. Um eine frühzeitige Eruption zu vermeiden wurde die Flasche am Tage zuvor gut gekühlt und zur Tarnung in einer Alditüte verstaut. Sabrina trug das explosive Paket aber dennoch sehr vorsichtig und versuchte, es möglichst ruhig zu halten.
„Pass bloß auf“, warnte Rebecca. „Das ist ein richtig scharfes Geschoss. Wenn die losgeht,

kann es sein, dass ein paar Splitter in deinem hübschen Gesicht landen."
Die Frauen stellten die Flasche auf den kleinen Tisch vor Murks' Lieblingsbank und schlichen sich davon. Sie hatten beschlossen, am nächsten Morgen ab sieben Uhr abwechselnd Wache zu schieben, um zu verhindern, dass jemand anders sich über den Sekt hermachen könnte. Bereits am frühen Morgen stand die Sonne so hoch, dass von der Kühlung der Flasche bald nichts mehr übrig war. Warmer Sekt würde dem Opfer sicher nicht schmecken. Aber zum Trinken würde er ja sowieso nicht mehr kommen, wenn der Plan aufginge. Es wurde elf Uhr. Rebecca hatte gerade die Schicht übernommen und saß ungeduldig auf der Bank oberhalb der Maria. Sobald der Murks auftauchte, würde sie sich schnell unsichtbar machen. Von dem war aber noch keine Spur zu sehen. „Der alte Sack sitzt bestimmt noch gemütlich am Frühstückstisch, während ich hier in der Sonne brate", dachte sie. „Er weiß allerdings nicht, dass es sein letztes ist." Sie grinste schadenfreudig.
Hoffentlich würde alles glattgehen. Jetzt hieß es abwarten, doch Geduld war nicht gerade ihre Stärke. Der Zeiger der Uhr bewegte sich nur langsam. Je länger Rebecca tatenlos herumsaß, je nervöser wurde sie. „Wenn das schief geht oder sich jemand anders auf die Bank setzt", dachte sie. „Wie soll ich demjenigen erklären, dass die

Flasche gefährlich ist? Ich müsste einen Mordversuch gestehen.“ So langsam stieg Panik in ihr auf. Vielleicht war die Idee doch nicht so gut. Rebecca beobachtete den Weg, der vom Dorf hinaufführte. Hier würde der Murks wie jeden Tag entlangkommen. Sie bemerkte nicht, wie sich Friedchens Katze heranschlich. „So langsam könnte sich der alte Fettsack aber mal blicken lassen“, dachte sie. „Ich habe keine Lust mehr, hier herumzuhocken.“
Plötzlich hörte sie einen lauten Knall. Erschrocken schaute sie hoch zur Bank. Sie traute ihren Augen nicht. Die Flasche war in tausend Teile zersprungen. Aber was lag denn da auf dem Tischchen? Rebecca ging näher heran. Das durfte nicht wahr sein. War das nicht Friedchens Katze, die dort in einer Blutlache auf dem Tisch lag? „Was mache ich nur? Wie schrecklich, die arme Katze. Ich muss hier aufräumen, bevor der Murks hier auftaucht“, schoss es ihr im nächsten Moment durch den Kopf.
Sie ließ zuerst die Scherben vorsichtig in der Alditüte verschwinden, die sich noch in ihrer Handtasche befand. Zwei große Splitter steckten im Kopf der toten Katze. Voller Ekel zog Rebecca sie mit zwei Fingern vorsichtig heraus. Dann hob sie das tote Tier hoch und legte es ein Stück entfernt unter einen Rebstock. „Sieht doch aus wie nach einem Revierkampf“, dachte sie erleichtert. Danach säuberte sie das Tischchen notdürftig mit

ein paar Tempotüchern und schlich sich mit weichen Knien davon.
Sabrina kam ihr aus dem Dorf entgegen. Sie wollte ihre Freundin wohl gerade ablösen. Rebecca schilderte ihr die Geschehnisse. Die beiden gingen enttäuscht zurück ins Dorf. Auf dem Rückweg kam ihnen ausgerechnet Otto Murks entgegen. „Hallo, meine Schönen. Wohin wollt ihr denn? Kommt doch mit und leistet mir ein bisschen Gesellschaft."
Die Frauen gingen grußlos weiter. „Komm heute Abend bei mir vorbei, wenn deine Gäste weg sind", schlug Rebecca beim Abschied vor. Sie hatte das Gefühl, dass sie die Ereignisse nicht so schnell vergessen würde. Sie müsste alles mit ihrer Freundin noch mal in Ruhe Revue passieren lassen. Ein gemeinsames Glässchen Wein würde sicher dazu beitragen, diese Niederlage zu verkraften. „Roland ist für zwei Tage zu seiner Schwester ins Sauerland gefahren. Ich bin sowieso alleine."
„Mache ich, tschüss." Sabrina verschwand in Richtung „Barrique".
Als Sabrina abends bei Rebecca auftauchte, war die Freundin total niedergeschlagen. „Ach Sabrina, jetzt sind wir beide Mörderinnen. Ist das nicht schrecklich? Du hast den Bello auf dem Gewissen und ich Friedchens Katze. Ich fühle mich echt beschissen."

Sabrina legte ihr den Arm um die Schultern. „Was heißt denn da Mörderin. Schließlich sind das doch nur Tiere. Bei dem Murks bist du doch auch nicht so zimperlich."
Rebecca holte ein Taschentuch heraus und schnäuzte sich geräuschvoll die Nase. „Du hast ja recht. Aber mit dem Morden ist jetzt Schluss. Ich habe genug. Außerdem glaube ich, dass das nicht mit rechten Dingen zugeht. Der dicke Otto ist einfach nicht totzukriegen. Das ist doch unheimlich. Der hat sieben Leben wie eine Katze eben. Bevor wir alle Haustiere im Ort umbringen, finde ich mich lieber damit ab, dass der Murks lebt."
Sabrina war wenig begeistert von der Aussicht, diesen Mistkerl weiter ertragen zu müssen. Sie willigte aber schweren Herzens ein: „O.K. meine Liebe, wir haben alles versucht, jetzt ist Schluss. Was ist, bekomme ich heute nichts zu trinken? Lass uns die ganze Sache vergessen und über die schönen Dinge des Lebens reden."
Die beiden Frauen verbrachten einen vergnüglichen Abend. Sie plauderten über dies und das und ließen sich ein paar gute Tropfen aus dem Weinkeller von Roland Schenk schmecken.
Plötzlich flog die Tür auf und eine kräftige Gestalt torkelte in den Raum. Rebecca kreischte erschrocken. Sabrina sprang hinter den Tresen und bewaffnete sich mit einer vollen Weinflasche.

Es war ausgerechnet Otto Murks, der zu später Stunde völlig betrunken in den Probierraum torkelte. „Hallo, meine Süßen“, lallte er nicht mehr ganz deutlich. „Ich habe noch Licht gesehen und dachte mir, dass ihr noch etwas männliche Gesellschaft braucht. Lasst uns noch was zusammen trinken. Ich hole mal eine Flasche aus dem Keller. Der Roland hat sicher nichts dagegen. Schließlich kümmere ich mich ja um seine einsame Frau, wo er doch unterwegs ist. Da kann er mir dankbar sein.“

Mit diesen Worten stürzte er fast die Treppe zum Keller herunter und verschwand darin.

„Schnell, den Schlüssel.“ Sabrina war plötzlich wieder nüchtern.

Rebecca zog ihren Schlüsselbund aus der Hosentasche. In Nullkommanichts war der Murks im Weinkeller eingeschlossen.

„Das hat der davon. Die Schotten sind dicht. Den lassen wir jetzt schmoren, bis er wieder nüchtern ist. Das wird ihm eine Lehre sein“, lachte Sabrina zufrieden.

Die beiden Frauen ignorierten das Klopfen aus dem Weinkeller und die wütenden Schreie ihres ärgsten Feindes. Das hatte er nun davon. Was hatte er hier auch zu suchen? Dieses Ekelpaket würde sich nicht so schnell wieder blicken lassen.

„Was ist, wenn den jemand vermisst?“, fragte Rebecca nach einer Weile.

Sabrina beruhigte sie: “Wer soll den denn vermissen? Franziska hält doch gerade ihren dicken Arsch in die türkische Sonne. Auf den wartet heute niemand.“

Die Freundin war zufrieden und hob ihr Glas.

„Auf unseren Triumph“, posaunte sie heraus.

„Was ist das eigentlich für ein komisches Warnschild an der Kellertür?“, fragte Sabrina einige Gläser später. Das habe ich hier noch nie gesehen.

„Ach, das hat Roland angebracht. Der ist immer übervorsichtig“, antwortete Rebecca. „Er meinte, dass die CO^2-Werte im Keller etwas erhöht sind. Er will, dass keiner heruntergeht, ohne zu kontrollieren, ob das Absauggebläse eingeschaltet ist.“

Sabrinas Augen weiteten sich vor Verwunderung.

„Und, ist es jetzt an?“

Rebecca prüfte den Schalter neben der Kellertür.

„Nö, das ist aus. Ach, du meinst? Ach, du Scheiße, der Murks.“

Die beiden lauschten an der Kellertür.

„Hörst du noch was?“

„Nö, ich höre nix und du?“

„Ich auch nicht.“

„Glaubst du, der ist tot?“

„Ich bin nicht sicher. Sollen wir mal nachsehen?“

„Lass uns mal noch etwas warten. Sicher ist sicher.“

„Gut, dann trinken wir noch ein Glas.“

Eine Stunde später beschlossen die beiden, die Kellertür zu öffnen und nachzusehen. Rebecca lauschte vorsichtshalber noch mal an der geschlossenen Tür. „Meinst du, der ist jetzt abgenippelt?“
Sabrina nickte. „Ich glaube, der ist mausetot.“
Obwohl sie inzwischen beide völlig betrunken waren, dachten sie beim Anblick von Rolands Warnschild daran, das Abluftgebläse einzuschalten. Vorsichtig blickten sie in den Keller. Vor den Barriquefässern lag Otto Murks mit aufgesperrtem Mund und weit geöffneten Augen auf dem Boden. Er rührte sich nicht mehr. Sabrina fühlte seinen Puls. „Nix, der ist mausetot. Tot ist der ja noch hässlicher als lebendig.“
„Wenigstens kann er dir so nicht mehr auf den Hintern schlagen“, antwortet Rebecca. „Aber wie der guckt. Du musst ihm die Augen schließen, das machen die im Fernsehen auch immer so.“
„Ich packe dem doch nicht ins Gesicht.“
„Also gut, dann mache ich eben die Drecksarbeit selber“, stöhnte Rebecca und schloss mit zwei spitzen Fingern vorsichtig Murks’ Augen für immer.
Sabrina wurde unruhig. „Wir müssen den hier rausschaffen. Wenn die Polizei ihn hier findet, schicken die uns in den Knast. Dann ist zappenduster, Schluss mit lustig und Schluss mit Auxerrois. Der Murks muss weg.“

Rebecca wurde es gleichzeitig heiß und kalt. Sie sah sich im Geiste schon bei Brot und Wasser im Knast sitzen. Diese Vorstellung ließ sie wieder ein bisschen nüchterner werden. „Stimmt, du hast recht. Aber wo bringen wir den hin? Vor allem, wie bekommen wir den hier weg? Der wiegt doch mehr als zwei Zentner.“ Sie überlegte. „Ich hole den Trecker von hinten. Dann können wir ihn in den Weinberg bringen.“

„Bist du bescheuert? Willst du das ganze Dorf aufwecken?“

Rebecca ließ sich auf einen Stuhl fallen. „Stimmt, wir müssen uns etwas anderes einfallen lassen. Gib mir noch ein Glas von dem Weißburgunder. Ich muss nachdenken.“

Ihre Freundin hatte plötzlich die zündende Idee. „Franziska ist doch in der Türkei. Der Murks ist doch zur Zeit alleine. Wir bringen den einfach in sein Haus. Es geht nur bergab. Das schaffen wir schon. Los, hol die Sackkarre. Das passt ja auch richtig gut bei dem alten Sack, wenn wir ihn damit abtransportieren.“ Sabrina kicherte.

Rebecca holte das Fahrgestell und brachte zwei Paar knallgelbe Putzhandschuhe mit.

„Willst du jetzt anfangen zu Putzen?“

„Ne, aber ich will doch die Leiche nicht mit den Fingern berühren. Schau mal, wie ekelig der aussieht. Reicht schon, dass ich ihm die Augen schließen musste.“

Sabrina schüttelte den Kopf. „Der sah lebendig aber auch nicht besser aus. Na, dann gib schon her. Damit vermeiden wir auch Fingerabdrücke in seinem Haus.“
Die beiden Frauen hievten Murks auf die Sackkarre. „So, auf drei“, kommandierte Sabrina.
Sie zogen den schweren Mann mit aller Kraft die kleine Treppe hoch, die aus dem Weinkeller führte.
„Pass doch auf, der rutscht.“
„Ja, mache ich doch, aber der ist so schwer.“
Es war schon zu spät. Murks rollte die Treppe wieder herunter und die Freundinnen standen mit der leeren Sackkarre in der Probierstube.
„Scheiße, selbst tot macht der blöde Kerl nichts als Ärger. Ich brauche erst einmal eine kleine Stärkung.“ Rebecca ging zum Kühlschrank und holte eine neue Flasche Weißen Burgunder hervor.
„Wir sind ja schon ziemlich betrunken“, protestierte Sabrina. „Jetzt lass uns erst einmal arbeiten. Obwohl, du hast recht, ein Gläschen geht noch.“
Nachdem die beiden sich „gestärkt“ hatten, starteten sie einen neuen Versuch. Diesmal wurde Murks an der Sackkarre festgebunden. So ließ er sich widerstandslos auf die Straße schieben.
„Geschafft, juppi, das hätten wir schon mal“, kreischte Rebecca und hüpfte dabei auf und ab.
Sabrina verdrehte die Augen: „Pst, mach doch nicht so einen Krach.“

„Och, ist doch dunkel, uns kann doch keiner sehen. Außerdem glauben die Nachbarn sowieso, dass da wieder mal ein paar betrunkene Touristen unterwegs sind. Wer geht denn davon aus, dass eine Leiche durchs Dorf geschoben wird?“
Die beiden schafften es tatsächlich, den schweren Mann Richtung Ortsausgang zu transportieren. Obwohl sie dabei ununterbrochen plapperten und kicherten, bemerkte glücklicherweise niemand im Ort, was sich da zu später Stunde noch auf der Straße abspielte. Vor der Tür von Murks’ Haus stellten sie die Sackkarre aufrecht hin.
„Ach du dicker Vater, daran haben wir ja gar nicht gedacht. Wie kommen wir denn jetzt da hinein?“, fragte Rebecca, die noch immer von der anstrengenden Tätigkeit schnaufte wie ein Walross.
„Der wird ja wohl nicht ohne Schlüssel aus dem Haus gegangen sein. Fühl doch mal in seine Hosentasche.“
„Bist du verrückt, da fasse ich doch nicht rein.“ Rebecca sah die Freundin entsetzt an.
„Das kannst du jetzt mal machen, ich habe ihm schon die Augen zugemacht.“
„Du stellst dich aber auch an, was glaubst du denn, was da passiert. Bei dem regt sich jetzt bestimmt nichts mehr.“ Sabrina machte angeekelt die Augen zu und fingerte zuerst in der rechten und dann in der linken Hosentasche des Mannes herum. Nach einiger Zeit hielt sie triumphierend

einen großen Schlüsselbund in der Hand. Es dauerte eine Weile, bis sie den richtigen Schlüssel fand und die Tür öffnen konnte. Die Leiche wurde hineingeschoben. Vor einem bequemen Sessel banden die beiden Frauen Murks los und hievten ihn hinein. „Das sieht doch ganz gemütlich aus“, resümierte Sabrina. „Wir müssen ihm nur die Schuhe ausziehen. Schau mal, da hinten stehen ein paar Pantoffeln.“

Dem Murks wurde es richtig bequem gemacht. Er bekam noch eine Decke umgelegt. Dann wurde eine Flasche Wein aus dem Kühlschrank geholt. Sabrina wollte gerade die Weinflasche an die Lippen setzten, als Rebecca loskreischte: „Stopp, was machst du denn da?“

„Es soll doch authentisch aussehen. Meinst du, der sitzt vor einer vollen Weinflasche?“

„Ganz tolle Idee.“ Rebecca fuchtelte mit den Armen. „Erst ziehen wir Gummihandschuhe an, um Fingerabdrücke zu vermeiden, und dann hinterlässt du freiwillig deine DNA.“

Sabrina schüttete etwas aus der Weinflasche in einen großen Blumentopf, der neben dem Sessel stand und stellte sie auf den Tisch neben Murks. „Na gut, der Murkswein schmeckt ja sowieso nicht. Aber hier wird sowieso niemand nach Fingerabdrücken oder DNA-Spuren suchen. Wer soll denn die Polizei rufen. Murks wird vor einer Flasche Wein gefunden. Jeder geht davon aus, dass sein schwaches Herz schlapp gemacht hat. Dann

wird der halb blinde alte Dr. Trollinger gerufen. Der stellt den Totenschein aus. Meinst du der fackelt lange? Der konnte den Murks auch nicht leiden. Du brauchst dir keine Sorgen zu machen. Niemand wird Verdacht schöpfen."
Sabrina besorgte noch ein Glas aus der Vitrine, schüttete einen Schluck Wein hinein und legte eine geöffnete Tüte Käsegebäck daneben, die sie im Wohnzimmerschrank fand. „Ja, das ist schön angerichtet", meinte sie und bekreuzigte sich.
Rebecca hatte es plötzlich eilig: „Jetzt lass uns aber die Sackkarre nehmen und abhauen, bevor uns doch noch einer sieht."
Sie zog die Freundin energisch zur Tür. Die beiden Frauen warfen noch einen letzten Blick auf den Toten. Eigentlich kann er uns dankbar sein", meinte Sabrina, bevor sie die Tür zuzog. „Das ist doch ein schöner Tod."

Wir empfehlen diesen Wein:

Auxerrois
Trocken

Weingut Rössler-Schneider
Inhaber Robert Schneider
Maikammerer Str. 12
67487 St. Martin

www.weingutroessler.de

Frank W. Kallweit

Edler Tropfen
(Tatort: Kaiserstuhl)

Irmgard blickte wehmütig auf das gerahmte Foto, das an der einzigen freien Wand ihrer kleinen altmodischen Küche hing. Ihre Gedanken hafteten an dem blassen Bild. „Ja, jung war ich damals, ziemlich jung." Sie seufzte laut, als wollte sie die gesamte Last der Vergangenheit abwerfen. „Aber ein schönes Paar waren wir, haben jedenfalls alle gesagt, damals."
Damals, das bedeutete genau auf den Tag vor dreißig Jahren. Genau vor drei Jahrzehnten hatten Irmgard und Hans Wiesinger in der kleinen Kirche in ihrem Dorf geheiratet. In dieser sauerländischen Gemeinde war sie aufgewachsen. Es war alles sehr überschaubar. Die Kirche und die Dorfkneipe bildeten das Zentrum. Bankfiliale und Tante-Emma-Laden waren mittlerweile verweist. Irmgard lebte immer noch in diesem Ort. Sie liebte die Vertrautheit und hasste den Dorftratsch, der offenbarte, dass es an diesem Ort keine Geheimnisse zu geben schien. Anlässlich ihres runden Hochzeitstages war Irmgard bereits den Abend zuvor mit aufwendigen Menüplanungen beschäftigt gewesen. Sie erwartete keine Besucherschar. Nein, für eine einzige Person nahm Irmgard all die Mühen auf sich, nämlich für ihren Hans. Auf

ihrer Speisekarte standen Pfifferlingsüppchen mit Kräuterschaum, Hirschrouladen mit selbst gemachten Spätzle und als krönender Abschluss Crème brûlée. Die Rezepte hatte sie einer der vielen Fernseh-Kochsendungen entnommen, die sie so gern am Nachmittag anschaute. Nun sollten ihr diese Kenntnisse zu einem Festtagsmenü verhelfen, mit dem sie ihren Hansi überraschen wollte. Hansi, diesen Spitznamen gab Irmgard ihrem Ehemann nur in Gedanken. Ihr Mann bestand auf eine korrekte Anrede mit seinem Vornamen Hans. Jegliche Veränderungen, Verniedlichungen seines Rufnamens oder auch den Gebrauch von Kosenamen wurden von ihm strikt abgelehnt, provozierten sogar cholerische Anfälle.

Irmgard hatte sich all die Jahre an Hans' Seite nie beschwert. Sie hatte jede seiner Launen widerstandslos ertragen. Hans' Willen entsprechend hatte Irmgard direkt nach der Eheschließung ihren Beruf aufgegeben, um nur noch für den neuen Aufgabenbereich Kinder und Haushalt zur Verfügung zu stehen. In diese zugewiesene Rolle hatte sie sich stets ohne ein Murren gefügt. Für die Betreuung ihrer zwei Töchter hatte sie die meiste Zeit ihres Hausfrauen- und Mutterdaseins verwendet. Beide hatten mittlerweile erfolgreich ein Universitätsstudium abgeschlossen. Der Gedanke daran erfüllte Irmgard mit Stolz. Doch mit dem Studium hatten sich ihre Kinder von Irmgard entfernt, nicht nur örtlich, sondern insgesamt, empfand sie zumindest.

Doch jetzt galt es für Irmgard, sich erst einmal auf die Vorbereitungen der Speisen zu konzentrieren. Um 17.10 Uhr würde Hans aus dem Büro nach Hause kommen, dann sollte der erste Gang servierfertig sein. Punkt 17.10 Uhr war an der Haustür ein gewohntes Geräusch zu vernehmen. Hans öffnete mit seinem Schlüssel die Eingangstür. „Ist das Essen fertig?", waren seine in die Jahre gekommenen Begrüßungsworte. Als der Ehemann das Esszimmer betrat, ergänzte er vorwurfsvoll, ohne Irmgard eines Blickes zu würdigen: „Was soll das denn sein?" Er schaute fragend auf die festlich eingedeckte Tafel.
„Wir haben doch heute unseren Hochzeitstag", versuchte Irmgard ihn zu beschwichtigen.
Hans reagierte mit einem lauten Murren. Dieses Geräusch erinnerte an einen böse knurrenden Hund, der seine Nackenhaare aufgerichtet hatte.
„Unseren dreißigsten Hochzeitstag", ergänzte Irmgard.
„Dann zeig mal, was du gekocht hast", antwortete Hans in einem gereizten Ton.
Irmgard kam seiner Aufforderung nach und tischte auf. Nichts schien Hans' Kritik standzuhalten. Doch dann wendete sich das Blatt überraschend. Hans lächelte, zumindest deutete Irmgard diese Gesichtsregungen ihres Ehemannes so.

„Irmgard, bei so einem Anlass, da gibt's natürlich einen Opal von mir", gab der Ehemann bekannt. Bei diesen Worten dachte seine Frau nicht an edles Geschmeide. Dann folgte auch schon seine kurze Anweisung: „Hol uns mal ein edles Fläschchen Opal aus dem Keller!"
Nach diesen Worten ihres Mannes war Irmgard sich sicher, der Tag würde eine positive Wendung nehmen. Hans hatte von einem guten Kunden zum vorletzten Weihnachtsfest dreißig Flaschen dieses Weins als Präsent erhalten. Nur bei ganz besonderen Anlässen, die natürlich Hans ganz allein bestimmte, durfte ein Fläschchen vom edlen Tropfen geöffnet werden. In diesen Rang der wichtigsten Ereignisse sollte nun ihr dreißigster Hochzeitstag gehoben werden. Irmgard hatte die Flasche vorsichtig geöffnet. „Was machst du jetzt mit dem Wein?", fragte Hans provozierend.
„Ich nehme zwei Gläser aus dem Schrank und dann schenke ich für dich einen Probierschluck ein", antwortete Irmgard ruhig.
„Überleg noch mal", forderte er schnippisch. Seine Frau schien nun unsicher zu werden. „Dekanter", warf Hans ihr das Wort an den Kopf.
„Aber dies ist doch ein Weißwein", klang Irmgard ratlos.
„Es ist nicht irgendein Weißwein. Im Eichenfass ist dieses Tröpfchen vom Kaiserstuhl gereift und du willst es einfach ersticken", folgte seine Zurechtweisung. Eigentlich war Hans Biertrinker.

Nun spielte er sich als der große Weinkenner auf. Beruflich war er Handelsvertreter für Landmaschinen. Seit einigen Jahren gehörten zu seinem Zuständigkeitsbereich auch Weinbaubetriebe. „Ach, Hans hatte ja irgendwann diesen schmalen Dekanter mit nach Hause gebracht“, erinnerte sich Irmgard. Diesen hatte sie zu den Gläsern in ihre Vitrine gestellt. Zielstrebig ging sie also zu dem Schrank, entnahm zwei Weingläser und dieses besondere Dekantiergefäß. Hans war einen Moment lang sprachlos und beobachtete das zielstrebige Handeln seiner Frau. Das mit dem Weißwein gefüllte Gefäß und zwei Gläser stellte Irmgard direkt vor Hans auf den Esstisch. Eines der Gläser füllte Hans zur Hälfte. Anschließend steckte er seine Nase tief in das Glas, fast hatte die Nasenspitze den Wein berührt. Dann trank er laut schlürfend einen großen Schluck der goldgelben Flüssigkeit. „Gut, sehr gut“, kommentierte Hans in scheinbar bester Stimmung.
Irmgard verschwand umgehend in ihrer Küche, um den Hauptgang Hirsch zu servieren. Nachdem Irmgard alle Teller und Schüsseln auf dem Tisch platziert hatte, nahm sie selbst ihren Platz am Tisch ein.

Das Glas neben ihrem Teller war randvoll mit dem Rebensaft gefüllt. Offensichtlich hatte ihr Mann in der Zeit, als sie in der Küche war, erneut eingeschenkt. Während Hans bereits aus seinem

Glas trank, kümmerte sich Irmgard um die Verteilung der Speisen. Auf Hans' Teller legte sie die größte Roulade, reichlich Spätzle und etwas von ihrem selbst gekochten Rotkraut. Als Krönung goss sie eine Kelle ihrer in mehr als zwei Stunden eingeköchelten Soße über Spätzle und Fleisch.
„Das versaut mir ja den Geschmack vom guten Wein", kommentierte Hans seinen ersten Bissen brüllend. Angewidert spuckte er den angekauten Inhalt seines Mundes zurück auf den Teller. Dann sprang er auf und verschwand im Badezimmer. Für einen Moment war Irmgard geschockt, fühlte sich verletzt. Wütend schüttete sie den Inhalt ihres Weinglases in den Dekanter zurück. Ihr war der Appetit auf den edlen Tropfen vergangen. Sie wollte nur noch einen klaren Kopf behalten. Wenige Minuten später kehrte Hans aus dem Bad zurück. Wortlos füllte er sein Glas randvoll aus dem Dekanter und stürzte den Inhalt in seinen Rachen. Danach folgte der Inhalt eines weiteren Glases in derselben Prozedur.
„Ich hol besser den Nachtisch", mit diesen Worten versuchte Irmgard ihren Unmut einfach herunterzuschlucken. Ohne eine Antwort abzuwarten, verschwand sie in ihrer Küche und kehrte bereits kurze Zeit später mit zwei gefüllten Dessertschälchen in den Händen zurück ins Esszimmer. Hans begrüßte seine Frau mit einem vollen Weinglas in der Hand. Der Inhalt verschwand laut gurgelnd in seinem weit geöffneten Schlund.

Wortlos stellte Irmgard ein Schälchen vor Hans auf den Tisch.
„Nein“, dachte sie, „ich lass mich nicht provozieren. Ich bleibe ganz ruhig und genieße meine Crème.“
Hans hatte mehrere Löffel in seinen weit geöffneten Mund gebaggert. Einmal die Luke geschlossen, um sie wieder weit zu öffnen.
„Verdammt, der Brüller ist das ganz bestimmt nicht!“, schrie Hans lautstark. Dabei quoll ein Teil der weißen Masse aus seinem Mund.
„Nicht Brüller, Crème brûlée, Hansi“, entgegnete Irmgard in aller Seelenruhe.
Hans stand von seinem Stuhl auf. Sein Kopf verfärbte sich bedrohlich rot. „Hansi?“, war noch kurz aus seinem Mund zu hören, bevor er in sich zusammensackte und auf seinem Stuhl landete. Sein Kopf fiel in den Nacken. Wie ein nasser Sack hing er auf seinem Platz. Irmgard hatte unbekümmert ihren Nachtisch ausgelöffelt. „Ich weiß gar nicht, was du wieder hast. Mir schmeckt es jedenfalls richtig gut.“
Hans verdrehte schweigend seine Augen.
„Von wegen Männer können nicht zuhören. Geht doch“, klang es voller Genugtuung aus Irmgards Mund. Das geleerte Schälchen setzte sie auf den Tisch ab. Dann stellte sich die Frau neben ihren Mann. „Geht es dir nicht so gut, Hansilein?“, fragte sie ihn mit ruhiger Stimme. Hans röchelte kurz. Dann verdrehte er die Pupillen, bis seine

Augen letztendlich weit aufgerissen stehen blieben. Da ihr Mann anschließend schwieg, begann Irmgard den Esstisch abzuräumen.
„Ich werde jetzt erst einmal klar Schiff machen. So können wir ja wirklich keinen Gast zu uns hereinlassen. Die Küche steht auch noch voll mit Geschirr und Töpfen. Muss alles noch gespült werden. Hansi, mit der Hand zu spülen, das dauert seine Zeit. Mein Vati hat immer zu mir gesagt, Geiz zahlt sich nicht aus. Hansi, du wolltest mir ja keine Geschirrspülmaschine kaufen. Jetzt musst du halt warten, bis ich mit dem Abwasch fertig bin. Das hast du nun davon", redete Irmgard auf ihren Mann ein, der keinerlei Regung zeigte. Nach einiger Zeit meldete sie sich laut aus der Küche: „Ach, meine Waschmaschine ruft. Ich muss die Wäsche aufhängen. Sie knittert sonst fürchterlich!"

Als Irmgard nach einiger Zeit auch diese Hausarbeit beendet hatte, öffnete sie eine neue Flasche Opal und genoss in aller Ruhe ein Glas des edlen Tropfens. Anschließend rief sie ihren Hausarzt an. Dr. Müller kannte Irmgard bereits seit Kindergartenzeiten. Da Hans als Herzpatient in Dauerbehandlung war, war Dr. Müller ohne Rückfragen nach dem Telefonat umgehend zur Hausvisite erschienen. Dort konnte der Arzt jedoch nur noch den Tod seines Patienten feststellen.

„Es tut mir leid, irgendwann musste er wohl seiner Herzschwäche Tribut zollen“, versuchte Fritz Müller Irmgard zu trösten.
Irmgard schaute den Arzt schweigend an.
„Ja, Irmgard“, bei diesen Worten nahm Müller ihre Hand, „du musst jetzt stark sein, dein Mann ist tot.“
In diesem Augenblick konnte Irmgard ihre Emotionen nicht mehr unter Kontrolle halten. Tränen bahnten sich ihren Weg über Irmgards Wangen. Die Witwe verspürte nicht etwa Gefühle von Trauer, eher eine Art Erleichterung, als hätte jemand eine Last von ihren Schultern genommen. Da der Totenschein keine Zweifel an einer natürlichen Todesursache zuließ, konnte Irmgard ihren Hans binnen kürzester Zeit aus ihrem Leben unter die Erde des Dorffriedhofs befördern. Sie hielt das Standardarrangement der niedrigsten Preiskategorie für mehr als ausreichend. Die Kinder nahmen Abschied aus der Ferne. Die ältere Tochter hatte einen geschäftlichen Auslandstermin als Begründung ihrer Verhinderung angegeben. Die jüngere bat ihre Mutter um Verständnis. Sie fühle sich emotional dieser Trauerfeier nicht gewachsen. Es sei besser, fern zu bleiben.
Irmgard schaute auf die Gästeliste. „Genau 13 Gäste haben zugesagt. 13 ist eigentlich eine Unglückszahl. Aber was soll Hans schon noch passieren? Tot ist er ja schon.“ Bei diesen Gedanken schmunzelte sie.

Im Dorfkrug, der einzigen Gaststätte in ihrem Wohnort, ließ Irmgard für die Gäste eindecken. Hühnersuppe mit Eierstich, Schnittchenplatte und natürlich trockener Blechkuchen – das musste reichen. Es sollte ja kein Freudenfest werden.

Irmgard hatte in ihrem Leben nicht viele Unterschriften leisten müssen, dafür hatte stets Hans gesorgt. Ihre Eheschließung hatte sie eigenhändig signieren müssen. Nach langer Abstinenz hatte Hans sie dann irgendwann zum Notar geschleppt, wo sie aufgesetzte Papiere unterschrieb. Hans hatte den Vorgang in seiner eigenen Art so beschrieben: „Unterschreib, ist das Beste für uns." Diese Erklärung musste ihr reichen. Irmgard hatte geschwiegen und unterschrieben, des lieben Friedens willen. Erst nach dem Ableben ihres Mannes sollte sie wirklich erfahren, dass diese Unterschrift die finanzielle Grundlage ihres neuen Lebens werden sollte. Das von ihr gezeichnete Ehegattentestament, so hatte ihr der Notar das erklärt, beschränkte den Erbanspruch ihrer Kinder auf die gesetzlichen Pflichtanteile, sollten sie ihre Forderungen nicht bis zum Ableben des letzten Elternteils zurückstellen. Diese Erkenntnis erzeugte recht unterschiedliche Regungen. Versetzte die Nachricht die Töchter in einen Schockzustand, so führte es in Irmgards Körper zur erhöhten Produktion von Glückshormonen. Diese Endorphine waren vermutlich auch der Auslöser von unge-

ahnten Aktivitäten und der Mobilisierung neuer Kräfte, die Irmgards altes Leben bis auf die Fundamente einrissen, um es von Grund auf neu zu gestalten. Die Witwe hatte einen Makler mit dem Verkauf ihres Hauses beauftragt. Sie hatte direkt nach der Beerdigung mit der Entrümpelung sämtlicher Möbel begonnen. Alles, was an ihr altes Leben erinnerte, gab sie einfach zum Sperrmüll. Mit einem Sprung wollte Irmgard ihr altes kleinbürgerliches Leben verlassen.
Aus dem Sauerland zog sie nach Hagen in eine gläserne Penthousewohnung mit Dachterrasse, die sie mit den passenden Designermöbeln einrichten ließ. Die Oberklasse-Limousine ihres verstorbenen Mannes tauschte sie gegen ein Sport-Coupé. Ihre Kinder begannen zu protestieren. Sie wollten nicht zusehen, wie in kürzester Zeit das Vermögen ihres Vaters abschmolz und unwiederbringlich versickerte. Die Situation eskalierte, als ihre Mutter mit einer dreißigjährigen männlichen Internetbekanntschaft auf Weltreise ging. Die Situation wurde zunehmend kriegerisch. Die Kinder drohten offen damit, rechtlich eine Entmündigung ihrer Mutter prüfen zu lassen. Zwar hatte Irmgard das dörfliche Leben mit dem Umzug in die Großstadt verlassen, jedoch prägte ihr Verhalten nach dem Ableben ihres Mannes immer stärker die Inhalte der Dorfgespräche.
Auch am Tresen der kleinen Dorfkneipe wurden die Veränderungen der lustigen Witwe eifrig dis-

kutiert. Wie Bälle beim Tischtennis sprangen die Worte hin und her. „So ganz naiv, wie Irmchen früher schien, ist sie ja wohl doch nicht“, kam der Aufschlag.
„Ein Wolf im Schafspelz!“, folgte der Return. „Hab ich mir immer schon gedacht“, folgte der nächste Schlag.
„Aber jetzt lassen wir die Kirche mal im Dorf! Hans ist ja schließlich eines natürlichen Todes gestorben, ärztlich bescheinigt“, klang es fast wie eine richterliche Zurechtweisung.
„Natürlich, natürlich, was ist nicht alles natürlich. Ein leckeres Pilzomelette mit grünen Knollenblätterpilzen ist auch ganz natürlich“, setzte der Thekenspieler dann ein Ass. Die Runde lachte lautstark und prostete sich mit klingenden Gläsern zu.

In der Kreisstadt hatte Kommissar Reiner Zufall gerade einen großen Fall abgeschlossen. Genervt saß der Polizist vor seinem Schreibtisch, auf dem große Stapel mit Statistiken und Vermerken auf Sichtung warteten. „Immer dieser Kleinmist“, mit diesen Worten durchblätterte er eine Akte nach der anderen. Zwei anonyme Anzeigen waren Zufall aufgefallen, die eine Lebensweise einer Witwe anprangerten und die Umstände des Ablebens ihres Mannes aufgriffen. Das von den eigenen Kindern angestrebte Entmündigungsverfahren der Beschuldigten verstärkte das Interesse des Ermittlers. Zufall suchte das nur wenige Kilometer ent-

fernte Dorf auf, um sich persönlich ein Bild von Menschen und Sozialstrukturen zu machen. Der Ermittler ging direkt in die Kneipe, wo sich erfahrungsgemäß alle dörflichen Informationskanäle kreuzten. Schnell wurden Mutmaßungen und Gerüchte über das Ableben von Hans zusammengetragen und mit der Wandlung von Irmgard zur lustigen Witwe in kausalen Zusammenhang gebracht. War es vielleicht die Urlaubszeit oder das sonnige Wetter, was auch bei Gericht für ein Sommerloch gesorgt hatte? Zufall war jedenfalls darüber verblüfft, wie einfach es war, den zuständigen Richter davon zu überzeugen, die Obduktion des Leichnams von Hans anzuordnen.
Das Ergebnis ließ einige Tage auf sich warten. Zufall hatte wohl wieder mal den richtigen Riecher gehabt und nun seinen nächsten Fall. Seine Hände zitterten vor Aufregung, als er Blatt für Blatt der Ausführungen der Gerichtsmedizin mit seinen Augen abtastete. Ein konzentriertes Gift, K.-o.-Tropfen in hoher Dosierung, hatte das Ableben von Hans verursacht und seiner Frau Irmgard ihr jetziges Leben geebnet.
Bei der anschließenden Durchsuchung der Wohnung der Witwe waren die Ermittler sprachlos. Sämtliche Spuren, die auf ein Leben mit dem Toten hinweisen könnten, fehlten. Eine neue Identität war offensichtlich geschaffen worden. Ergebnislos wollte das Team der Kriminaltechnik die Arbeiten einstellen, doch dann wurde in

einem kleinen Abstellraum ein Laptop gefunden. Auf Nachfrage bestätigte Irmgard, dass dieser ihrem verstorbenen Mann gehört hatte. Eigentlich sollte er verkauft werden. In der Kammer war er offensichtlich in Vergessenheit geraten. Insbesondere mit der Rekonstruktion gelöschter Daten auf der Festplatte des Computers beschäftigten sich die Spezialisten der Polizei. Party-Drogen, wie sie in tödlicher Konzentration im Körper des Opfers nachgewiesen werden konnten, waren mit dem Laptop im Internet bei einem ausländischen Anbieter bestellt worden. Bezahlung per Nachnahme war vereinbart worden.

Zufall hatte die lebenslustige Witwe befragt, doch sie bestritt, Kenntnisse von dem Kauf zu haben. Sie gab auch an, das Passwort für den Computer nicht zu kennen, da es der Computer ihres verstorbenen Mannes gewesen sei und dieser ihr nie wichtige Dinge technischer oder finanzieller Art anvertraut habe. Aber machte diese Aussage Irmgard wirklich unverdächtiger? Irmgard hatte ein starkes Motiv, das sie offen zur Schau trug. Sie hatte am Tatabend die Speisen zubereitet und serviert. Für sie wäre es ein Einfaches gewesen, die tödliche Dosis ins Essen zu mischen.

Kommissar Zufall setzte die Befragungen im Umfeld des Toten fort, da die Verteidigung schon in anderen Fällen häufig mit dem Vorwurf, die Polizei habe nicht in alle erdenklichen Richtungen ermittelt, versucht hatte, die Ermittlungsergebnisse infrage zu stellen. Die weiteren Untersuchungen ergaben, dass Hans, das Opfer, zu seinen Lebzeiten gewiss kein Sympathieträger gewesen war. Ehemalige Freunde des Ehepaares, aber auch sein Kollegenkreis bestätigten dieses Bild. Dies führte jedoch nicht zur Entlastung der Hauptverdächtigen, sondern verstärkte vielmehr ein mögliches Motiv.

Fast hätte Zufall schon die gesamten Akten des Falls als ausermittelt der Staatsanwaltschaft übergeben, wäre ihm da nicht eine seltsame Geldbewegung auf dem Bankkonto aufgefallen. Das Opfer hatte als Versicherungsmakler einen großen Teil seiner Einkünfte nicht als Festgehalt ausgezahlt bekommen, sondern erhielt hohe erfolgsabhängige Provisionen. Diese Einnahmen hatte er teilweise auf ein anderes Bankkonto als das bekannte Gehaltskonto geparkt. Über einen längeren Zeitraum hatte sich so eine erhebliche Summe angesammelt. Ungefähr zwei Jahren vor seinem Ableben war dann fast das gesamte Guthaben in einem Betrag abgebucht worden. Aber wo war dieses Geld gelandet? Auf den anderen Bankkonten des Toten war es nicht zu finden. Irmgard bestritt, irgendwelche Kenntnisse über diesen Vorgang zu haben. Die gesamte Summe war auf ein Notaranderkonto überwiesen worden. Mit den notwendigen richterlichen Beschlüssen ausgestattet konnte der Ermittler dem Weg des Geldes folgen. Es war für den Kauf einer Eigen-

tumswohnung verwendet worden. Erwerberin der Immobilie war eine gewisse Simone Sauer.
Der Ermittler bat Frau Sauer zu einer Befragung in seine Dienststelle. Sie räumte ohne Umschweife die Beziehung zum Toten ein. „Ich habe Hans geliebt. Die Wohnung sollte unser gemeinsames Zuhause werden. Wir wollten sogar heiraten“, gab die Befragte zu Protokoll.
Was brachten diese neuen Erkenntnisse für Zufall? Eigentlich verstärkte sich der Verdacht gegen die Witwe. Irmgard beteuerte, von der Freundin ihres Mannes nichts gewusst zu haben. Diese Äußerung überraschte Zufall nicht. Seine Hauptverdächtige hatte so viele Motive, dass sich ihm die Lösung eigentlich zu übertrieben einfach offenbarte. Doch Zufall war hoch zufrieden mit seinem Arbeitsergebnis. Diese Stimmung wollte er konservieren und genießen. Zumindest galt dies für den bevorstehenden Feierabend und der Nacht bis zum nächsten Tag.
Bereits am nächsten Tag sollte eine tief greifende Änderung eintreten. Am frühen Morgen erschien eine Frau auf dem Revier, die zu seinem Fall eine Aussage machen wollte.
„Mein Name ist Sophie Keller. Ich habe einige Jahre für Hans als Sekretärin gearbeitet. Mit der Simone Sauer war ich gut befreundet. Auf einer Feier habe ich Hans meiner Freundin vorgestellt, so entstand der Kontakt zwischen den beiden. Simone wollte schon seit Beginn der Beziehung

immer mehr als nur die Geliebte von Hans sein, obwohl sie wusste, dass er verheiratet war. Hans hatte seiner Ehefrau die Beziehung stets verschwiegen. Sie war wohl ahnungslos. Simone hat sich mit der Zeit immer stärker verändert. Sie hatte nur noch ein Ziel, Hans allein zu besitzen. Simone hat mir erzählt, dass sie ihn auch zum gemeinsamen Glück zwingen werde, wenn nichts passieren würde. Sie hat Hans massiv unter Druck gesetzt. Falls er keine Lösung finden würde, hatte Simone gedroht, seiner Ehefrau von der Beziehung zu berichten. Lediglich einen Monat hatte sie Hans eingeräumt, eine geeignete Lösung zu finden. Bei einem Glas Sekt hat Simone mir später glücklich berichtet, dass ihr Hans eine Lösung gefunden habe. Schon bald könne seine Frau den beiden nicht mehr im Wege stehen. Eigentlich habe ich schon damals geahnt, dass etwas Schlimmes passieren würde. Einige Tage später war Hans tot. Diese Nachricht hat mich schon überrascht. Eigentlich war die Angelegenheit für mich damit erledigt. Doch gestern habe ich gehört, dass Hans vergiftet wurde. Das hat mich wieder stutzig gemacht."

Natürlich wollte der Polizist wissen, welche Art Lösung Hans und seine Geliebte geplant hatten. Doch dazu konnte die Zeugin keine Angaben machen.

Vielleicht würde Simone Sauer die fehlenden Mosaiksteinchen beisteuern, hoffte Zufall. Doch

die Geliebte des Toten wollte oder konnte keine Angaben dazu machen. Sie bezeichnete die Ausführungen der Zeugin als Hirngespinste einer eifersüchtigen Freundin, die neidisch auf ihre glückliche Beziehung gewesen wäre.
Zufall saß lange Zeit an seinem Schreibtisch in der Dienststelle. Er dachte nach. Er grübelte, zermarterte sich regelrecht sein Hirn. Hans hatte es selbst gewollt oder war sogar dazu gezwungen worden, das Problem „Ehefrau" zu lösen. Irmgard und auch ihre Kinder bestritten, Kenntnisse über derartige Problemlösungen zu haben. Ein Bauchgefühl hatte Zufall dazu gebracht, an Informanten im Milieu Fotos von Hans zu verteilen. Seine Spürnase hat ihn wieder einmal nicht getäuscht.
Hans war offensichtlich noch am selben Abend, nachdem Simone ihren Geliebten mit der Ankündigung unter Druck gesetzt hatte, seiner Frau von ihrer Beziehung zu berichten, durch die dunkelsten Kneipen gezogen. Er hatte stark alkoholisiert jedermann Geld angeboten, der seine Frau für immer beseitigen würde. Natürlich hatte niemand sein Angebot ernst genommen. Nach diesem Misserfolg hatte er wohl den Weg über das Internet gesucht. Dort hatte er eine ausreichende Menge der giftigen Substanz erworben, um selbst die Tat auszuüben. Aber wie konnte es dann zu der Tatdurchführung kommen, die zu diesem überraschenden Ausgang geführt hatte? Denn am Ende der Tat war Hans tot und seine Frau die Haupt-

verdächtige. Nur durch die genaue Rekonstruktion des Tagesablaufs, insbesondere der Abendstunden der Tat könnten diese Fragen geklärt werden. Hier könnte nur eine detaillierte Aussage von Irmgard den Kommissar der Lösung seines Falles näher bringen.
Noch einmal saß die Witwe im Dienstzimmer des Ermittlers, um seine Fragen zu beantworten. Jede Minute des Tatabends sollte aus der Erinnerung hervorgeholt werden und auf Datenträger dokumentiert werden. Irmgard sei den gesamten Tag in der Küche mit den Vorbereitungen der Speisen beschäftigt gewesen. Sie habe den Esszimmertisch festlich gedeckt, ohne dass dies vom pünktlich aus dem Büro daheim eingetroffenen Ehemann gewürdigt worden sei. Nachdem sie die ersten Speisen serviert habe, habe er damit begonnen, an ihren Kochfähigkeiten zu zweifeln. Zur ihrer Überraschung habe er sie aufgefordert, eine Flasche vom besten Wein aus dem Keller zu holen. Trotz seiner offensichtlichen Verärgerung habe er sein Schatzkästchen geöffnet, um einen edlen Tropfen zu spendieren. Sie habe es schon damals nicht verstehen können, nur seinen Wunsch umgesetzt. So habe sie eine Flasche geöffnet und in einen Dekanter gefüllt. Den Wein und zwei Weingläser habe sie auf den Tisch gestellt. Dann habe sie sich wieder in die Küche begeben, um die nächsten Speisen aufzutragen. Als sie den Hauptgang serviert habe, hatte Hans

bereits die beiden Gläser mit Wein gefüllt. Tatsächlich habe Hans diese edlen Tröpfchen mit ihr teilen wollen, habe sie damals daraus mit Verwunderung gedeutet. Das habe so gar nicht in ihr Bild von Hans gepasst.
An diesem Punkt der Ausführungen zeigte der Ermittler seine Nervosität. Mit seinem Kugelschreiber tippte er sich an die Stirn. „Haben Sie denn auch von dem Wein getrunken?“, wollte Zufall wissen.
„Nein, Hans hatte mich wieder beschimpft. Er kritisierte mein Essen. Nach dem ersten Bissen war er von seinem Stuhl aufgesprungen und im Bad verschwunden. Über sein Benehmen habe ich mich aufgeregt, wollte aber keine Schwäche zeigen. Ich war nicht in der Stimmung, Wein zu trinken. Deshalb habe ich dann den Wein aus meinem Glas zurück in den Dekanter geschüttet. Danach habe ich meinen Platz verlassen, um aus der Küche das vorbereitete Dessert zu holen“, berichtete Irmgard, bis sie vom Kommissar unterbrochen wurde.
„Sie haben einfach so weitergemacht, als wäre nichts vorgefallen?“, hakte der Ermittler nach.
„Genau, ich wollte mir diesen Tag nicht verderben lassen. So hatte ich einfach mit dem Nachtisch weitergemacht. Als ich dann zurück ins Esszimmer gekommen war, hatte ich festgestellt, dass Hans sein Glas wieder aus dem Dekanter mit Wein gefüllt hatte. Mein Glas stand leer an mei-

nem Platz. ‚Für dich ist der Tropfen nur eine Verschwendung‘, prostete er mir provokant zu. Danach hat er noch mehrere weitere Gläser geleert. Ich habe mich schweigend meiner Crème brûlée zugewendet. Hans probierte von dem Nachtisch nur einen einzigen Löffel. ‚Nicht der Brüller‘, hat er noch gestammelt. Dann brach er zusammen“, eine gewisse Erregung klang bei den letzten Worten mit.

Den Kommissar hielt es nicht mehr auf seinem Stuhl. Er war aufgesprungen. „Hans hatte die tödlichen Tropfen in Ihr Weinglas geschüttet. Genau, so muss es gewesen sein!“, verkündete der Kommissar die Lösung des Falles mit lauter Stimme. „Das konnte er ungehindert in der Zeit machen, als Sie in der Küche waren, um das Dessert zu holen.“

Irmgard folgte regungslos den Ausführungen des Polizisten.

„Aber Sie haben glücklicherweise keinen Tropfen Ihres Weines getrunken, sondern den Wein zurück in den Dekanter gegossen. Damit war das Gift im Dekanter, den Hans Glas für Glas allein geleert hat. In unserem Fall waren Opfer und Täter ein und dieselbe Person. Keinen Tropfen mehr als unbedingt notwendig hat er opfern wollen. Ja, für ihn war es wohl ein edler Tropfen mit tödlichem Abgang.“

Ein Tropfen nicht nur für diesen Krimi:

Grauer Burgunder Steinbuck
Trocken

Winzergenossenschaft
Bischoffingen-Endingen
Bacchusstr. 20
79235 Vogtsburg-Bischoffingen

www.wg-bischoffingen.de

Frank W. Kallweit

Leichtsinn
(Tatort: Rheingau)

Eigentlich war „Rilke", wie ihn alle in der kleinen sauerländischen Stadt nannten, Lehrer für Deutsch und Geschichte am städtischen Gymnasium. Zwar bewegte er sich in großen Schritten auf seine Pensionierung zu, doch es stand nicht zu befürchten, dass er mit seiner zusätzlichen Freizeit Probleme haben würde. Jedes Jahr erschien ein kleiner Buchband mit von ihm selbst verfassten Gedichten. Das war auch der Grund für seine Namensgebung. So wurde aus Johannes Rille ganz einfach „Rilke". Doch Lyrik war nur die eine Leidenschaft, die in seiner Brust wohnte, die andere war sein Faible für Geschichte. So verwendete er den größten Teil seiner Zeit damit, in städtischen und kirchlichen Archiven Geschichtsforschung zu betreiben. Die aufwendige Arbeit in staubigen Kammern trug in den letzten Jahren reichlich Früchte. Seine Fachbeiträge über mittelalterliche Schriften waren auch schon überregional in Historikerkreisen anerkannt. So hatte sich der Gymnasiallehrer von einem manchmal belächelten Verfasser lyrischer Gedichte zu einem beachteten Wissenschaftler und bedeutsamen Sohn seiner Stadt entwickelt. Aus „Rilke" wurde in letzter Zeit wieder Johannes Rille. Immer mehr wurde aus dem Gymnasiallehrer ein gefragter Experte für mittelalterliche Schriften. Deshalb wunderte er sich auch nicht über eine telefonische Anfrage des Bürgermeisters einer kleinen Gemeinde aus dem Rheingau. Genau dort hatte ein Winzer bei Umbauarbeiten auf seinem Hof einen bedeutsamen Fund gemacht. Die Berichte darüber hatten in der Fachpresse bereits große Beachtung gefunden. Jedoch waren einige Zweifel über die Echtheit der gefundenen Schriften aufgekommen.

Es waren gerade Sommerferien, die Sonne lachte und diese neue Aufgabe lockte Johannes Rille in den Rheingau. Rille fuhr mit seinem rechten Zeigefinger über die alte Landkarte. „Immer am Rhein lang. Da ist Eltville und dort liegt Kloster Eberbach!" Dann folgte ein Siegerlächeln, Rille hatte seinen Zielort gefunden: Scharfenstein, ein mittelalterlicher Ort inmitten von Weinbergen. Bereits wenige Stunden später stand er mit seinem roten VW-Käfer Cabrio im historischen Ortskern. Sein Auto war der Beweis, dass auch alte Liebe rosten kann. Dem sommerlichen Wetter und dem Anlass entsprechend, so glaubte zumindest Rille selbst, hatte er sich gekleidet. Der Lehrer trug einen weißen Leinenanzug. Ein Strohhut bedeckte sein kahles Haupt. So ungefähr müssen wohl die deutschen Italientouristen in den Nachkriegsjahren ausgesehen haben. Rille hielt mit seinem Cabrio vor dem alten Weinlokal

„Sturm“. Danach wuchtete er einen schweren Lederkoffer von der Rückbank seines Gefährts. Im ersten Stock über der Gaststätte bezog er ein kleines Pensionszimmer. „Jetzt brauch ich erst mal eine Stärkung“, mit diesen Worten legte er Koffer und Hut aufs Bett und ging die steile Treppe hinunter in den Gastraum.

„Herzlich willkommen im wunderschönen Weinort Scharfenstein“, begrüßte ihn die Wirtin Sabine Sturm herzlich. Ein gefülltes Sektglas hielt sie Rille entgegen. Der Gast verweilte einen Augenblick stumm. „Leichtsinn“, ergänzte die Wirtin mit einem Lächeln.

„Nein, nein“, antwortete Rille etwas zögerlich. Die Wirtin schaute ihn fragend an. „Es ist kein Leichtsinn, ich trage in der Sonne immer einen Hut. Den habe ich nur schon auf mein Zimmer gebracht“, erklärte der Urlauber.

Sabine Sturm lachte laut, stellte sogar das Glas ab, um nichts zu verschütten. „Leichtsinn, so heißt dieser prickelnde Secco!“

Nun lachte auch Rille. „Ja, jetzt brauch ich erst mal einen!“, mit diesen Worten ergriff er das Glas. „Leichtsinn ist auf jeden Fall besser als Schwermut!“ Rille bestellte eine deftige Mahlzeit und ein schönes Glas Riesling dazu. Für sein leibliches Wohl war gesorgt, nun wollte er an seinem neuen „Forschungsprojekt“ arbeiten.

„Haben Sie noch einen Wunsch?“, fragte die nette Wirtin.

Er hatte noch viele Wünsche, doch könnte diese Frau sie auch erfüllen? „Das Essen war richtig lecker, der Wein super, da bleibt noch …“, er konnte nicht weitersprechen.
„Entschuldigung, ich war unaufmerksam. Ein Dessert oder Kaffee?“, warf Sabine Sturm ein.
„Nein, danke. Kennen Sie den Winzer Willi Alfons?“, fragte Rille.
Die Wirtin schluckte. Sie blieb auffällig lange stumm.
„Sie können mir ganz offen und unvoreingenommen antworten. Oder brauchen Sie vorher vielleicht ein bisschen Leichtsinn?“, er lachte bei seinen Worten.
„Willi Winzig, eigentlich ja jetzt ganz groß, möchte gern ganz groß“, begann Sabine Sturm ihre Antwort.
„Ich glaube, wir nehmen beide noch einen Leichtsinn, dann kann ich Ihren Worten vielleicht besser folgen“, mit diesen Worten brachte Rille die Wirtin zum Lachen.
„Lieber Leichtsinn als ein Sturm im Wasserglas, unser Familienspruch“, bei diesen Worten füllte Sabine Sturm die Sektgläser.
Nach einer Runde Leichtsinn startete die Wirtin den zweiten Versuch.
„Also der Willi Alfons war bereits in der Grundschule der Kleinste und wurde immer gehänselt. Mit dem winzigen Weingut seines Vaters, das am Ende der Dorfstraße liegt, konnte er auch später

nicht mit den Großen mithalten. Aber der Willi kann unheimlich geschickt taktieren und ist wahnsinnig charmant, insbesondere bei einigen Winzerwitwen. So hat er seine Anbauflächen beachtlich erweitert. Dies führte natürlich zu Unmut und Spott bei seinen Winzerkollegen. Vielleicht war auch Neid dabei“, beschrieb die Wirtin die Situation.
„Und was war mit diesem alten Buch, das der Willi Alfons gefunden hat?“, fragte Rille ganz gezielt.
„Das ging ja ganz groß durch die Presse. Sogar im Fernsehen wurde darüber berichtet. Damit hat sich Willi im Kreis seiner Kollegen nicht unbedingt Freunde gemacht. Bei den Erweiterungsarbeiten seines Weinkellers hat der Willi angeblich dieses alte Buch gefunden, Reben und Kräuter der Klosteranlagen. Und dann hat er auch noch diese Geschichte dazu geliefert“, sprudelten die Worte aus der Wirtin.
„Was für eine Geschichte?“, wollte Rille genau wissen.
„Nach einer alten Überlieferung soll der Abt des Klosters Eberbach einem Urahnen des Winzers dieses alte Buch und die älteste Weinrebe überreicht haben. Im Kloster waren diese Kostbarkeiten wohl nicht mehr sicher genug. So sollte dieser Schatz über die Wirren des Dreißigjährigen Krieges hinweg gerettet werden, denn wer würde schon in einem kleinen Keller danach suchen.

Alle hier im Dorf hielten diese Geschichte nur für ein Märchen. Das Buch wurde ja auch nie gefunden“, erzählte die Wirtin.
„Bis jetzt“, warf Rille ein.
„Genau, bis zu jenem Tag als Willi von seinem Fund berichtete und eine Medienfeuer entfachte. Man, war das ein Rummel hier im Dorf. Willi hat einen gesicherten Schrein für das Buch gebaut. Das wertvolle Stück wird hinter Panzerglas ausgestellt. Jetzt müssen alle Gäste und Besucher Eintritt zahlen, die in Willis Weinkeller wollen“, führte Sabine Sturm aus.
„Da haben sich aber bestimmt nicht alle im Dorf drüber gefreut?“, merkte Rille an.
„Nein, einige Winzer haben sich richtig aufgeregt. Irgendwie ist es nun mit der Ruhe und dem Frieden in unserem schönen Dorf vorbei. Willis Haus wurde in der letzten Woche sogar mit Eiern beworfen und eine Fuhre Mist wurde in seine Hofeinfahrt gekippt. Ich glaube, die meisten Bürger halten den angeblichen Fund nur für einen von Willis Marketingstreichen. Da muss er aber ganz gut aufpassen, dass der Schuss nicht nach hinten losgeht“, Sabine Sturm wirkte etwas aufgewühlt bei ihren Worten.
„So viel zu Willi Alfons, aber wenn sie heute noch gute Weine probieren wollen, müssen sie nur ein paar Häuser weiterziehen. Bei meinem Vetter ist heute Hoffest, da wird gegrillt und

Livemusik gibt es auch. Einige Winzerkollegen sind sicherlich auch da…"

Rille war bereits auf dem Weg zum Hoffest, als sein Handy klingelte.
„Willi Alfons, haben Sie Zeit für mich? Sie müssen mir helfen", klang die Stimme des Anrufers verzweifelt.
Rille schien kein bisschen überrascht über den Anrufer. Er interessierte sich in diesem Moment auch nicht dafür, woher der Anrufer seine Telefonnummer kannte. „Ja, ja, ich weiß, der Bürgermeister hat mich über Ihren Fund unterrichtet. Ich soll Ihr Buch mal näher unter die Lupe nehmen", erwiderte der Hobbyforscher.
Rille folgte der Straße bis zum Ortsausgang. Das letzte Haus, ein altes Bruchsteingebäude, war sein Ziel. Schon wenig später saß er in einem alten Gewölbekeller inmitten von Weinregalen. Im hell erleuchteten Zentrum stand ein gläserner Schrein, in dem ein antikes Buch präsentiert wurde.
„Herr Rille, Sie sind der Erste, der diesen Schatz in Händen halten darf, weil ich Ihrem Sachverstand vertraue. Hier im Dorf, in der Region, im ganzen Land kann ich doch keiner Person trauen. Zu viele Neider, die mich zerstören wollen", bei diesen Worten hatte der Winzer einen Code in eine an der Vitrine befindlichen Tastatur getippt und die gläserne Tür geöffnet. „In die modernsten Sicherungssysteme habe ich investiert", ergänzte

Willi Alfons und reichte seinem Gast das kostbare Werk.
Rille hatte Leinenhandschuhe übergestreift, danach zog er eine große Lupe aus seiner Jackentaschen. Für einige Minuten saßen sich die Männer schweigend gegenüber. Rille prüfte Seite für Seite des außergewöhnlichen Werkes. Nach einer Weile klappte er den Buchdeckel zu. Alfons blickte erwartungsvoll.
„Ein tolles Buch, wirklich eine fantastische handwerkliche Arbeit, ohne Zweifel", gab Rille sein Ergebnis bekannt. „Wenn es eine Fälschung sein sollte, dann wirklich von einem, der sein Handwerk außerordentlich gut versteht. Letzte Gewissheit könnte nur eine wissenschaftliche Analyse in einem Labor ergeben."
„Nein, nein, ich werde dieses Werk niemals aus der Hand geben. Ihnen habe ich vertraut, doch Sie haben mich enttäuscht. Bitte gehen Sie jetzt", beendet der Winzer abrupt das Gespräch.
Ohne ein weiteres Wort verließ Rille den Hof. Er fühlte sich gekränkt. Auf dem Hoffest wollte er nun auf andere Gedanken kommen und blickte ganz schön tief in die Seele der Weine. Es war ein schöner geselliger Abend, an dem er jedoch den Namen „Willi Alfons" mied. Schnell hatte der Sauerländer bemerkt, dass der Winzerkollege in diesem Kreis ein rotes Tuch war.
Es war sehr spät geworden in dieser lauen Sommernacht. Rille gehörte zu den letzten Gästen des

Hoffestes und hatte doch einige Koordinierungsprobleme auf dem Weg zurück in seine Pension. Rille konzentrierte sich, um auf dem Kopfsteinpflaster nicht zu stürzen. Er erschrak, drehte sich um. „War da nicht ein Geräusch? Schritte?“ Bei der Drehung hätte Rille fast das Gleichgewicht verloren, doch dann stand er wieder sicher. Er blickte auf. „Ein Schatten! Ein menschlicher Schatten, ich bin doch nicht verrückt.“ Rille spürte einen Windzug. Direkt an ihm vorbei huschte eine Gestalt in einer dunklen Mönchskutte. Danach war der Spuk vorbei und der Gast aus dem Sauerland erreichte seine Pension. „Der Geist des Weines“, dachte Rille resümierend, als er auf seinem Bett lag und wenige Sekunden später in tiefem Schlaf versank.

„War gestern vielleicht doch ein Glas zu viel“, dachte Rille, als am nächsten Morgen sein Wecker klingelte. Sein Kreislauf war nicht so einfach in Schwung zu bringen. Im Gastraum der Weinstube, der morgens als Frühstücksraum für die Pensionsgäste diente, wurde der Sauerländer freundlich begrüßt. „Guten Morgen! Haben Sie schon gehört, was heute Nacht passiert ist?“, die Wirtin wirkte aufgewühlt.

„Nein, was war denn los?“, antwortete er mit einer Gegenfrage.

„Der Mönch“, mehr konnte Sabine Sturm nicht sagen, da fiel ihr der Gast schon ins Wort.

„Der Mönch war wirklich da heute Nacht? Kein Hirngespinst?“, klang es fast erleichtert.
„Haben Sie ihn gesehen?“, fragte Frau Sturm überrascht.
Rille nickte.
„Nun ist er tot!“, die Wirtin legte viel Kraft in ihre Stimme.
„Tot? Woran ist er denn gestorben?“, klang es fast zweifelnd.
„Bleivergiftung!“, folgte der kurze Return.
„Gut, dass ich den Wein aus Gläsern trinke. Der Mönch stammte wohl noch aus dem Mittelalter, wo aus bleihaltigen Krügen getrunken wurde“, irgendwie schien Rille sich gedanklich noch in seiner nächtlichen Traumwelt zu befinden. „Quatsch, der ist von einer Bleikugel getötet worden. Die stammte wohl aus einem alten Vorderlader. Und wissen Sie, wer genau so ein Gewehr als gestohlen gemeldet hat?“, in ihrer Stimme schwangen starke Emotionen mit.
„Nein“, wusste Rille natürlich nicht.
„Willi Alfons!“, lautete die kurze Antwort, die Rille endgültig wachrüttelte.
Wilde Gedanken schossen dem Lehrer beim Frühstück durch den Kopf. „Ein altes Buch begutachten, Wein, Sonne und Ferien genießen, von wegen, so einfach schien der Fall hier nicht zu sein, aber spannend.“ Rille war bereit sich in dieses Abenteuer zu stürzen. „Was ist der eigentlich für ein Mensch, dieser Willi Alfons?“, stellte sich

der Sauerländer selbst die Frage, obwohl er wusste, dass er keine Antwort hatte. Gestern hatte er diese Person getroffen, saß ihr gegenüber, hatte mit ihr gesprochen und konnte sich doch kein Bild von ihr machen. „Wo soll ich mit den Recherchen beginnen? Vielleicht beim Bürgermeister oder bei der Polizei …“ Er entschloss sich, die Jacke aus seinem Zimmer zu holen, um anschließend den Bürgermeister der Gemeinde aufzusuchen.
Gerade hatte Rille seine Jacke vom Garderobenhaken genommen, da klopfte es an der Tür. „Wird die Wirtin sein. Hab bestimmt wieder etwas im Gastraum vergessen?“ Er grübelte darüber nach, welchen Gegenstand er wohl zurückgelassen haben könnte und öffnete die Zimmertür. Rille konnte nur noch den Umriss einer weiblichen Gestalt am Ende des spärlich beleuchteten Flurgangs erkennen. Dann bemerkte er den großen Briefumschlag, der vor seinen Füßen lag. „Hatte diese unbekannte Frau den Umschlag hier zurückgelassen?“
Auf dem Kuvert stand in Druckbuchstaben geschrieben: Herrn Rille, Persönlich. Er suchte vergeblich nach einem Absender, dann öffnete er die Nachricht. Drei alte Pergamentseiten und eine handschriftliche Nachricht befanden sich im Umschlag. Rille blickte prüfend auf die einzelnen Blätter. Er war überrascht über das Ergebnis, denn diese Seiten könnten aus dem alten Buch

stammen, den so gut bewachten Schatz von Willi Alfons. Vielleicht fand sich auf dem Zettel ein Hinweis.

„Mein Vater Janosch musste für das alte Buch sterben, das genau wie diese Entwurfsseiten eine Fälschung ist. Ich bin in großer Gefahr. Meine einzige Lebensversicherung ist diese Liste. Bitte helfen Sie mir."

Am Ende der Nachricht folgte eine lange Aufstellung mit Namen. Die alten Buchseiten steckte Rille in einen neuen Briefumschlag, den er an einen guten Freund adressierte. Dieser Freund leitete ein angesehenes Institut, das sich mit der chemischen und physikalischen Altersbestimmung von historischen Funden befasste. Anschließend fotografierte Rille die handschriftliche Namensliste mit seinem Handy und versendete diese an einige Freunde, mit der Bitte, diese Nachricht für ihn zu sichern. Danach bereinigte er die abgespeicherten Daten auf seinem Handy. Irgendwie spürte der Sauerländer nun, dass seine Mission gefährlich werden könnte.

Beim Verlassen der Pension wurde er von der Wirtin angesprochen. „Hat ihre Tochter Sie gefunden?"

Rille schaute die Frau fragend an. Der Lehrer war ledig und wusste bisher von keiner Tochter.

„Die nette junge Frau heute Morgen …", ergänzte Sabine Sturm.

„O, Entschuldigung, irgendwie war ich doch in Gedanken, natürlich meine Tochter, ja, ja, die habe ich getroffen. Ach, könnten Sie diesen Brief mit zur Post nehmen?“, versuchte Rille die Situation zu retten.
„Natürlich, den nehme ich gern mit. Einen schönen Tag wünsche ich Ihnen“, beendete die Wirtin das Gespräch, da ihr Telefon klingelte. Rille verließ das Haus in Richtung Rathaus.
Wenig später saß der Lehrer dem Bürgermeister des Weinortes gegenüber. Dieser schien von dem Besuch aus dem Sauerland nicht gerade begeistert.
„Herr Rille, ich glaube unsere Gemeinde hat nun andere Probleme. Ob dieses Buch echt ist oder eine Fälschung, das ist mir im Moment ziemlich egal. Dieser Mord an einem rumänischen Saisonarbeiter …“, lamentierte das Oberhaupt der Gemeinde laut.
Rille schaute ihn verständnislos an.
„Ja, dieser verkleidete Mönch“, ergänzte der Bürgermeister.
„Ach, so“, der Sauerländer überlegte kurz. „Heißt der vielleicht Janosch?“
„Na klar. Janosch war doch bei Alfons beschäftigt. Das hat uns doch alles der Willi Alfons eingebrockt. Erst der Rummel mit seinem gefundenen Buch und jetzt erschießt der noch seinen eigenen Arbeiter“, der Amtsträger schien wütend.

„Wieso war denn sein Arbeiter in einer Mönchskutte?“, wollte Rille wissen.
„Nach der Legende soll an besonders klaren Sommernächten der Geist des Abtes durch die Gassen herumirren auf der Suche nach der alten Rebe und den alten Überlieferungen. War wahrscheinlich irgend so eine blöde Marketingidee von dem Alfons. Und dann erschießt der Idiot den auch noch mit seinem eigenen Gewehr“, bei seinen Worten trommelte der Rathauschef energisch mit seinen Fingern auf der Schreibtischplatte.
„Willi Alfons besaß einen alten Vorderlader. Und es steht fest, dass er den Janosch damit erschossen hat?“, fragte Rille unbeeindruckt weiter.
„Ich sag ja, der ist ein Idiot. Vor einigen Monaten hatte er dieses Gewehr als gestohlen gemeldet. Von seinem Onkel hatte er vor Jahren eine Sammlung historischer Waffen geerbt. Die meisten davon hatte der Alfons bereits an Sammler verkauft. Vor einigen Monaten dann, bei uns in der Region gab es zu der Zeit eine Serie von Einbrüchen in Kirchen und örtlichen Museen, meldete er einen Einbruch in sein Haus und den Diebstahl der verbliebenen historischen Waffen“, erklärte der Bürgermeister.
„Aber wurde das Vorderladergewehr denn nach der Tat gefunden?“, wollte der Forscher wissen.
„Das ist es ja, die Polizei hat das Gewehr in Alfons’ Weinkeller sicher gestellt“, klang es wie der endgültige Richterspruch.

„So blöd kann doch keiner sein, die Tatwaffe so zu präsentieren. Sitzt der Willi Alfons jetzt in Untersuchungshaft?“, wollte der Sauerländer in Erfahrung bringen.
„Nein, noch nicht. An der Tatwaffe waren alle Fingerabdrücke und DNA-Spuren beseitigt worden. Mit diesem Wirbel vergrault uns der Willi sämtliche Touristen“, beendete der Bürgermeister das Gespräch.
Irgendwie schien die Lösung des Bürgermeisters für den Mord zwar einfach, schließlich konnte man ein bereits unbeliebtes Mitglied der Gesellschaft nun vollends zum Sündenbock sämtlicher Probleme abstempeln, doch Rille zweifelte an der Richtigkeit der Lösung. Gut, Willi Alfons war auch für den Sauerländer nicht gerade ein Sympathieträger, aber nicht unbedingt ein Mörder. An seinem eigenen Gewehr hätte Willi Alfons als Täter keine DNA-Spuren vernichten müssen. Schmauchspuren konnten bei ihm nicht festgestellt werden. Es fehlte auch das Motiv.
Rille musste mit dem Winzer sprechen, um sich der Lösung einen Schritt zu nähern. Vielleicht hielt ja auch die Tochter des Ermordeten die Lösung des Falles in ihren Händen. Doch über sie und ihre Information sollte der Sauerländer besser schweigen. Rille musste vorsichtig agieren, um nicht das Leben der Unbekannten zu gefährden.
Kurz darauf saß der Lehrer im alten Gewölbekeller. Willi Alfons war nur zu einem Gespräch be-

reit, weil Rille ihm eindrücklich vermittelt hatte, dass er ihn vielleicht im Mordfall entlasten könnte.

„Wenn ich Ihnen wirklich helfen soll, dann müssen Sie auch mit offenen Karten spielen. Also ihr Buch ist ja wohl eine Fälschung, eine Marketingidee. Ich muss sagen, wirklich gut gemacht. Das Buch hat einer erstellt, der etwas davon versteht. Aber jetzt rücken Sie mit der Wahrheit raus, mit der ganzen Geschichte von Anfang an“, eröffnete Rille das Gespräch.

„Es wurde immer schwerer, auf dem Arbeitsmarkt Helfer für die harten Arbeiten in den Weinbergen zu finden. Seit einigen Jahren kommen viele rumänische Erntehelfer zu uns. Janosch, der auf meinem Weingut arbeitete, gehörte auch zu ihnen. Alle Arbeiter wurden zentral von einer Organisation direkt aus Rumänien vermittelt“, erklärte Willi Alfons.

„Das sind doch meist ganz finstere Machenschaften. Diese Arbeitsvermittler sind kriminell. Ich hab darüber mal einen Fernsehbericht gesehen. Darin ging es um die Ausbeutung der Arbeiter in der deutschen Fleischindustrie. Das ist ja moderner Sklavenhandel. Diese Arbeiter aus Rumänien sind ganz arme Kreaturen, die ausgenutzt und teilweise sogar noch um ihren Hungerlohn gebracht werden. Lug und Trug …“, regte sich Rille auf.

„Ja, diese Organisation war dafür bekannt, die Arbeiter auszunutzen. Ich habe Janosch aber immer sein Geld gezahlt. Ich hatte ja selbst meine finanziellen Probleme. Eine antike Waffensammlung, die ich von einem Onkel geerbt hatte, war das Einzige, was ich zu Geld machen konnte. Nur drei alte Gewehre davon habe ich behalten", erläuterte der Winzer.

„Und diese Waffen sind Ihnen dann gestohlen worden", warf der Sauerländer ein.

„So war es eigentlich nicht. Im letzten Jahr fand eine Serie von Einbrüchen in Kirchen und kleineren Museen in der Region statt, die alle nicht aufgeklärt worden waren. Ich bin irgendwann von Janosch gefragt worden, ob meine Waffen gut versichert seien. Gegen eine kleine Vermittlungsgebühr könnten diese Gegenstände bei einem Einbruch verschwinden. Janosch war ein armer Wicht, ich hätte ihm nie etwas antun können. Ich brauchte das Geld der Versicherung und habe deshalb nie Fragen gestellt. Der Diebstahl der historischen Waffen war dann auch von der Polizei der allgemeinen Einbruchsserie zugerechnet worden und meine Versicherung hat gezahlt.

Janosch sprach gut deutsch. Er erzählte mir, dass er zu Ostblockzeiten oft mit seinem älteren Bruder in Polen und der DDR war, um Antiquitäten zu restaurieren. Da kam mir die alte Legende über die mittelalterlichen Schriften in den Sinn. Janosch ließ ein Buch nach meinen Vorstellungen

erstellen, so als wäre es ein Werk aus dem Mittelalter. Sein Bruder war wohl daran beteiligt, genau weiß ich es aber nicht. Ich habe nicht gefragt. Janosch lieferte mir das gewünschte Werk und wurde von mir bezahlt. Anfangs gab es auch eine richtige Medienwelle, aber der Rummel um meinen ‚historischen' Fund beruhigte sich ziemlich schnell. Ich hatte doch viel investiert und brauchte Geld. Die Menschen sollten in mein Weingut strömen und meinen Wein kaufen. Also musste mehr Werbung gemacht werden. So kam ich auf die Idee, den alten Abt lebendig werden zu lassen. Janosch sträubte sich kurz, doch ließ sich überreden, denn auch er brauchte ja Geld. Ich habe ihn ins Unglück laufen lassen. Jetzt ist er tot und ich soll sein Mörder sein", klangen seine Worte verzweifelt.
„Sie haben ihn also nicht erschossen? Wer soll es denn gewesen sein?", hinterfragte Rille.
„Ich weiß es doch nicht, wer so skrupellos einen Menschen umbringen kann. Ich war es ganz bestimmt nicht. Mir wollen die das in die Schuhe schieben, haben das alte Gewehr zurückgebracht. Das historische Buch ist verschwunden", der Winzer sackte in sich zusammen und saß auf seinem Stuhl wie ein Häufchen Elend.
„Ich hoffe ich kann Ihnen helfen. Ich habe auch schon eine Idee", mit diesen Worten verließ der Forscher den Winzer.

Im Eingangsbereich seiner Pension kam ihm seine Wirtin entgegen. „Herr Rille, ihre Tochter wartet auf Sie. Geht es ihr nicht gut?“ Ihre Worte klangen mitfühlend.
„Danke“, antwortete Rille kurz und ging auf die unbekannte Frau zu, die vor der Rezeption auf einem Stuhl saß. „Hallo, du siehst müde aus. Komm mit auf mein Zimmer, da kannst du dich etwas ausruhen“, redete der Sauerländer laut auf die Fremde ein.
Die junge Frau folgte wortlos. Erst als beide im Zimmer standen und die Tür verschlossen war, begann die Unbekannte damit, ihr Geheimnis zu lüften.
„Es tut mir leid, wenn ich Ihnen Unannehmlichkeiten bereitet haben sollte, aber ich sah keinen Ausweg. Ich bin auf der Flucht. Die werden mich umbringen, wenn sie mich erwischen. Meinen Vater und meinen Onkel haben sie schon ermordet“, bei ihren letzten Worten flossen Tränen.
Rille redete beruhigend auf die junge Frau ein.
Als sie sich wieder gefasst hatte, trug sie ihr Anliegen vor. „Ich bin die Tochter von Janosch. Mein Vater hat alles auf sich genommen, um mein Studium in Hamburg zu finanzieren. Er geriet in die Fänge dieser Verbrecher. Diese Organisation, die die Arbeiter nach Deutschland vermittelt, beutet die Menschen nur aus, reine Sklaverei. Jeder bei uns in Rumänien weiß, dass Männer der Securitate, des ehemaligen kommu-

nistischen Geheimdienstes, diese Gesellschaft beherrschen. Auch die Einbruchserie in Kirchen und Museen wurde von diesen Leuten angeordnet. Das Geschäft mit den antiken Gewehren hat mein Vater allein abgewickelt, um sich ein paar Euro zu verdienen. Als dann bekannt wurde, dass er an der Organisation vorbei Geschäfte machte, bekam er massive Drohungen. Ich glaube, mein Vater hatte Angst, hat das aber nie gezeigt. Er wollte für mich stark sein, hat die Drohungen einfach ignoriert und weitergemacht. Gemeinsam mit meinem Onkel hat er dann das Ding mit dem historischen Buch eingefädelt. Nun wurde er von diesen Verbrechern ermordet. Mein Onkel starb gestern bei einem merkwürdigen Autounfall. Ich habe Angst. Mein Onkel hat Material über die Machenschaften dieser Verbrecher gesammelt und eine Liste der Hintermänner zusammengestellt. Einige Namen hatte ich Ihnen ja schon auf meiner ersten Nachricht notiert. Die gesamtem Beweisunterlagen habe ich zur Sicherheit bei einem Notar hinterlegt.“

Rille leitete die Informationen an die Polizei weiter. Einige der Hintermänner wurden gefasst und konnten rechtskräftig verurteilt werden. Die Tochter bekam eine neue Identität, soll irgendwo in Deutschland als Ärztin arbeiten. Das historische Buch war in der Mordnacht verschwunden. Rille hatte eine Seite des Entwurfs behalten, ein

Andenken an wirklich andere Ferien. Ab und zu holte er Erinnerungen und dieses Blatt hervor. „Ja, das war schon ein echter Leichtsinn!“, fasste Rille seinen Ausflug in den Rheingau gedanklich zusammen.

Für „prickelnde“ Momente:

Rheingauer Leichtsinn
Riesling Secco
Trocken

Rheingauer Jungwinzer

www.rheingau.de/jungwinzer/adressen.htm

Astrid Kallweit

Geld, Liebe oder …
(Tatort: Ahr)

„Hallo, ich bin's", Eva Sander ging durch den großen Garten auf die Terrasse ihres Elternhauses, auf der ihre Mutter spärlich bekleidet auf einem Liegestuhl die Sonne anbetete.
„Hallo, Liebling. Schön, dass du so früh kommen konntest. Damit habe ich gar nicht gerechnet, sonst wäre ich schon fertig. Ich springe mal schnell unter die Dusche und ziehe mich an. In zehn Minuten können wir los."
Eva gab ihrer Mutter einen Kuss auf die Wange und ließ sich schmunzelnd auf einen Gartenstuhl fallen. Zehn Minuten würden wohl kaum ausreichen. Ihre Mutter legte großen Wert auf ihr Äußeres. Wahrscheinlich zog sie sich fünfmal um, bevor sie mit ihrem Outfit zufrieden war. Die beiden wollten zum Shoppen nach Dortmund fahren und hinterher zum Italiener an der Ecke, um den Tag ausklingen zu lassen. Eva arbeitete in einer Apotheke in der Innenstadt von Iserlohn. Sie hatte extra früher Feierabend gemacht und war direkt nach Hennen zu ihrer Mutter gefahren, die Freitag immer ihren freien Tag hatte. Die beiden Frauen verstanden sich prächtig, was wahrscheinlich damit zusammenhing, dass der Altersunterschied zwischen ihnen nicht sehr groß war. Sie

wurden häufig für Schwestern gehalten. Bettina hatte ihre Tochter schon mit 17 Jahren bekommen. Nachdem Evas Vater sich kurz nach ihrer Geburt aus dem Staub gemacht hatte, heiratete Bettina erst Max und danach Andreas. Beide Ehen waren schon nach kurzer Zeit gescheitert, da die Männer sich mit anderen Frauen vergnügt hatten, was dazu führte, dass Bettina ihrer Tochter als wichtigste Lebensweisheit den Spruch „Trau den Männern nicht über den Weg“ mitgegeben hatte. Ihr Lieblingslied, wie konnte es auch anders sein, war „Männer sind Schweine“ von den Ärzten. Das Eva bis auf zwei kurze Episoden bei ihrer Mutter alleine aufgewachsen ist, war wahrscheinlich ein weiterer Grund, warum sich die beiden Frauen so nahe standen.

Nachdem fünfzehn Minuten verstrichen waren, ging Eva in die Küche und holte sich ein Mineralwasser und einen Apfel aus dem Kühlschrank. Sie achtete sehr darauf, sich gesund zu ernähren, was man ihrer schlanken Figur deutlich ansah. Sie war mit 1,75 Meter für eine Frau recht groß und ihr sportlicher Körper ließ ahnen, dass sie sich viel bewegte.
Als sie zurück auf die Terrasse ging, schüttelte sie ihre lange blonde Mähne, die ein Windstoß in ihr fein geschnittenes Gesicht wehte. Erstaunlicherweise erschien Bettina schon kurz darauf fertig gestylt. „Also, ich bin bereit. Wir können aufbre-

chen“, sagte sie herausfordernd. „Aber du musst ja erst eine Zwischenmahlzeit einschieben.“
Dass Bettina kein Glück bei den Männern hatte, konnte man bei ihrem Anblick nicht glauben. Sie war eine ausgesprochen hübsche Frau. Ihre Haare hatten dieselbe Farbe wie die von Eva. Sie waren allerdings nur schulterlang. Ihre Figur war tadellos und von ihren 42 Jahren konnte sie locker zehn vertuschen, was sie auch nicht selten tat.
Eva steckte das letzte Apfelstück in den Mund. „Na, dann mal los, Mama. Ich bin startklar.“
„Sag nicht Mama zu mir.“ Bettina konnte es überhaupt nicht leiden, mit Mama oder Mutter angesprochen zu werden. Sie hasste es vor allem, wenn jemand anderes dabei war, da sie sich mit der erwachsenen Tochter so alt vorkam.
Kurze Zeit später saßen die beiden hinter riesigen Sonnenbrillen in Evas silbergrauem Peugeot Cabrio und brausten mit wehenden Haaren voller Tagendrang sämtlichen Dortmunder Schuhgeschäften entgegen.
Die Shoppingtour lief nicht nur in Sachen Schuhe äußerst erfolgreich. Der kleine Kofferraum des Cabrios quoll nach drei anstrengenden Stunden über vor bunten Tüten und Taschen. „Jetzt haben wir uns aber eine Pause verdient“, meinte Eva, als sie kurze Zeit später die Straße entlangschlenderten, um sich ein lauschiges Plätzchen im Biergarten ihres italienischen Lieblingsrestaurants zu suchen.

„Ah, da sind ja die Sandersschwestern“, der Kellner Francesco begrüßte die beiden mit einem breiten Lachen. „Ihr seht beide umwerfend aus. Prosecco, wie immer?“
„Natürlich! Was denn sonst an so einem schönen Sommerabend, du Charmeur?“, flirtete Bettina drauflos.
Eva schüttelte den Kopf. „Ich glaube ja immer noch, dass Francesco schwul ist. Da brauchst du dich gar nicht so ins Zeug zu legen. Du machst dich nur lächerlich.“
„Ist mir egal“, entgegnete Bettina. „So komme ich wenigstens nicht aus der Übung.“
Sie bestellten beide den großen Vorspeisenteller. Während sie es sich schmecken ließen, planten sie ihren gemeinsamen Kurzurlaub, den sie regelmäßig einmal im Jahr zusammen machten. Diesmal sollte ihr Ziel eine Weingegend sein.
„Ich würde gerne mal an den Kaiserstuhl fahren“, schlug Eva vor.
„Was hältst du denn davon, wenn wir mal was Naheliegendes nehmen?“, entgegnete Bettina. „Die Ahr ist hier gleich um die Ecke. Da sind wir ruckzuck. Eine Kollegin hat mir von einer schnuckeligen kleinen Ferienwohnung in Ahrweiler vorgeschwärmt. Die gehört direkt zu einem Weingut mit einem tollen Restaurant. Dort soll es sehr gute Weine geben. Das wäre doch genau das Richtige für uns.“

Am Ende des Abends einigten sie sich darauf, dass Bettina die empfohlene Wohnung für Ende Juni reservieren sollte. Außerdem entschieden sie, das Auto mal stehen zu lassen und den Zug zu nehmen.

„Ob das so eine gute Idee war, mit der Bahn zu fahren? Schau dir bloß die Leute an. Genießen Sie die Bahn in vollen Zügen. Genießen kann ich hier aber gar nichts.“ Eva rümpfte missbilligend die Nase.

Die Zwei hatten es sich bequem gemacht und scannten ihre Umgebung.

„Sieh doch nur dahinten, der Typ mit dem roten Pulli, der geht ja gar nicht. Dieser dicke Bauch und die ungepflegten Haare. Und die Mutti da drüben. Die ist bestimmt noch jünger als du, sieht aber aus, als wenn sie das Leben schon bald hinter sich hätte.“

„Jetzt hör doch mal auf, zu lästern, und entspann dich. Es können ja nicht alle Menschen so schön sein wie du. Ein bisschen weniger Arroganz würde dir aber auch gut stehen. Ich habe übrigens eine Überraschung.“

Bettina holte zwei niedliche kleine, rosafarbene Getränkedosen aus ihrer Handtasche. Eva schüttelte lachend ihre blonde Mähne: „Prosecco aus der Dose, wenn das nicht ein klein wenig dekadent ist.“

In Essen setzte sich ein gut aussehender Mann, Mitte vierzig, auf den Platz gegenüber. Bettina

flirtete ungeniert mit ihm. Nachdem er in Bonn den Zug wieder verlassen hatte, grinste Eva breit. „Mutter, wie kannst du so schamlos mit einem wildfremden Mann flirten? Du hast es echt faustdick hinter den Ohren."
„Man muss ja sehen, wo man bleibt. Ich werde ja nun auch nicht jünger. Schließlich will ich nicht wie eine Nonne leben", schmollte Bettina.
„Da mache ich mir bei dir keine Sorgen. Du bist ja schlimmer als ich."
Eva war zur Zeit solo. Die Beziehung zu ihrem langjährigen Freund war vor einem Jahr in die Brüche gegangen. Theo und sie hatten einfach nicht richtig zusammen gepasst. Jetzt war sie auf der Suche nach einer neuen Beziehung, wobei sie allerdings recht wählerisch war. Diesmal sollte es wirklich was Dauerhaftes sein. Da musste man eben etwas länger suchen. Allerdings war Geduld nicht gerade Evas Stärke. Sie wünschte sich sehr, Mr. Right bald zu treffen.
Auf dem Bahnhof von Ahrweiler angekommen, rief Bettina gleich nach einem Taxi. Das Weingut war in ungefähr fünfzehn Minuten zu Fuß zu erreichen. Allerdings fiel es Bettina, die schon immer recht verwöhnt war, nicht im Traum ein, mit ihrem Rollkoffer durch die Stadt zu laufen. Glücklicherweise konnte Bettina ihr anspruchsvolles Leben bequem finanzieren, da sie von ihren Eltern neben dem Haus auch ein umfangreiches Aktiendepot geerbt hatte, das sich in den

letzten Jahren wie von selbst vermehrte. Auch Eva war von den Großeltern mit einer üppigen Summe bedacht worden.

Als die beiden Frauen vor dem Weingut Körtgen ausstiegen, nickten sie sich lächelnd zu. Alles richtig gemacht. Das Haus sah sehr einladend aus und lag mitten im Zentrum. Die Weinstube und der wunderschöne Innenhof waren mit fröhlichen Gästen gefüllt. Eine freundliche Angestellte zeigte ihnen die Wohnung mit dem Namen „Remise" und fragte, ob sie für den Abend eine Tischreservierung in der Weinstube veranlassen solle. Natürlich sollte sie, da waren sich Mutter und Tochter schnell einig.

Das Essen war köstlich und der empfohlene Blanc de Noir schmeckte so wunderbar, dass es nicht bei einem Glas blieb. Die Weinstube füllte sich nach und nach, sodass bald kein Tisch mehr frei war. Als gegen neun Uhr zwei junge Männer das Lokal betraten, die von den Wirtsleuten wie alte Freunde begrüßt wurden, fiel der eine Eva sofort ins Auge. Er war groß und schlank und hatte dichtes dunkles Haar. Eva bemerkte erfreut, dass er sich suchend nach einem Platz umblickte. Sein Blick blieb bei ihr haften. Bettina schnalzte leise mit der Zunge und erntete von ihrer Tochter umgehend einen Stoß mit dem Ellenbogen in die Seite.

Der junge Mann trat tatsächlich zu ihnen an den Tisch. Eva blickte in zwei dunkelbraune, große

Augen. „Macht es Ihnen etwas aus, wenn mein Bekannter und ich uns zu Ihnen setzten würden?“

„Natürlich nicht“, kam Bettina ihrer Tochter zuvor. „Wir würden uns freuen.“

„Fritz, komm her, ich habe einen Platz gefunden“, rief der junge Mann seinem Begleiter zu.

„Hoffentlich sind die nicht schwul“, raunte Bettina Eva zu, bevor die beiden sich setzten.

Sie stellten sich als Fritz Vorländer und Jonas Bunger vor und luden die beiden Frauen zu einer Flasche Blanc de Noir ein. Die vier unterhielten sich vom ersten Moment an angeregt und gingen schnell zum „Du“ über.

„Ich bin Winzer“, erkläre Jonas nicht ohne Stolz in der Stimme. „Mein Vater ist vor zwei Jahren gestorben. Ich habe sein kleines Weingut hier ganz in der Nähe übernommen. Ihr müsst mich unbedingt besuchen, dann könnt ihr meine Weine probieren. Die werden euch hoffentlich so gut schmecken, wie dieser Blanc de Noir hier.“

Bei diesen Worten drehte er die Flasche auf den Kopf, um zu zeigen, dass kein Tropfen mehr vorhanden war. Er gab der Bedienung ein Zeichen.

Fritz schmunzelte. „Bescheidenheit war noch nie Jonas Stärke. Ich bin übrigens auch hier aufgewachsen. Mich hat es dann aber nach Hamburg verschlagen. Jonas und ich sind zusammen zur Schule gegangen. Wir haben uns zufällig heute in der Stadt getroffen, da ich gerade bei meinen Eltern zu Besuch bin. Welch ein Glück, sonst hätte

ich euch beiden Schönen heute nicht kennengelernt."
Bevor die Frauen auf das Kompliment reagieren konnten, brachte die Kellnerin eine neue Flasche Wein. Jonas schenkte ein. „Zum Wohl, meine Damen. Auf diesen wunderschönen Abend."
Es blieb nicht bei dieser Flasche. Eva hing den ganzen Abend an Jonas Lippen, der begeistert von seiner Arbeit und seinem Weingut erzählte. Ihr Herz klopfte bis zum Hals. „Das ist er", dachte sie. „Ich spüre es ganz genau. Ich habe Mr. Right gefunden."
Die Gefühle schienen nicht nur einseitig zu sein, denn auch Jonas war von Eva ganz angetan. „Was macht man denn im Sauerland in der Freizeit so? Gibt es bei euch etwas anderes als Berge und Wälder?"
Eva schmunzelte. „Bei uns gibt es eine ganze Menge, wir leben ja nicht hinter dem Mond. Allerdings sind die Wälder schon ganz wichtig für mich. Ich bin nämlich Jägerin."
Jonas sah sie erstaunt an. „Eine so schöne Frau und Jägerin. Das ist doch wohl ein Scherz oder willst du mir weismachen, dass du tatsächlich mit einem Gewehr durch den Wald läufst und alles erschießt, was nicht bei drei auf den Bäumen ist?"
„Ja, und bei untreuen Männern ist Eva auch nicht zimperlich", schaltete Bettina sich ein.
„Mutter."
„Du sollst nicht Mutter zu mir sagen."

Die beiden Männer fingen an, zu lachen.
„Ich bin wirklich Jägerin“, stellte Eva klar. „Du solltest mir also keinen Grund zum Schießen geben.“ Sie lächelte Jonas verschmitzt an. „Also im Ernst, ich jage natürlich nur Wildschweine und Rehe. Wir Jäger im Sauerland dämmen die Population des Wildes ein. Das ist zum Schutz der Natur sehr wichtig. Außerdem kann ich nicht nur schießen, ich nehme das Wild auch selbst aus. Soll ich mal einen leckeren Rehrücken vorbeibringen?“
Jonas war beeindruckt. Das hätte er der hübschen Eva wirklich nicht zugetraut. „Du bist ja eine mutige Frau, da muss ich mich ja ganz schön in Acht nehmen“, meinte er lachend.
Während der charmante Jonas die beiden Frauen rasch in den Bann zog, entpuppte sich sein Kumpel Fritz mehr und mehr als unangenehmer Zeitgenosse. Er hielt sich für unwiderstehlich. Er versuchte bei Bettina zu landen, die im Laufe des Abends mehr und mehr genervt war von dem arroganten Typ, der nur von seinem neuen SLK, seinem wichtigen Job und seinen sportlichen Leistungen redete. Sie opferte sich trotzdem für ihre Tochter und wandte sich Fritz zu. „Ich würde mir deinen neuen Wagen gerne mal ansehen. Ich hatte auch überlegt, mir so einen zu kaufen.“
Fritz sprang sofort darauf an. „Mein Auto steht vor der Tür. Wenn du magst, können wir sofort rausgehen. Zu einer Probefahrt kann ich dich heu-

te leider nicht mehr einladen. Ich glaube, ich habe ein bisschen viel getrunken. Das können wir aber gerne nachholen, wenn ich den Wagen morgen abhole."
Bettina seufzte unbemerkt. Sie bereute ihre Gutmütigkeit schon. „Jetzt habe ich diesen Typ womöglich an der Backe", dachte sie grimmig.
Die beiden verabschiedeten sich und gingen. Jonas und Eva brachen erst auf, als die Weinstube geschlossen wurde. Vorher hatten sie sich für den nächsten Abend zu Führung durch Jonas Weingut verabredet. Nicht nur durch den Wein beschwingt schwebte Eva dann die Treppe zur Remise hinauf und legte sich träumend ins Bett.

Als Eva am nächsten Morgen erwachte, reckte sie sich glücklich. Aus dem Bad war schon das Prasseln des Wassers in der Dusche zu hören. Sie blickte auf die Uhr. Es war halb zehn. „Oh je", dachte sie. „Da muss ich mich ja beeilen. Schließlich habe ich Mutter ja versprochen, mit ihr in dem netten Café frühstücken zu gehen."
Sie sprang aus dem Bett, als sie draußen ein lautes Hupen vernahm. Da stand er unter dem Fenster. Er trug eine weiße Hose, ein weit geöffnetes weißes Hemd, hatte das schwarz gefärbte, dünne Haar nach hinten gegelt und lehnte an seinem schwarzen SLK. „Mutter", rief sie in Richtung Bad. „Dein Verehrer wartet auf dich. Da hast du ja den ersten Preis gezogen."

Bettina kam aus dem Bad und sah Eva wütend an. „Sei bloß still. Du kannst deiner Mutter ruhig dankbar sein, dass sie euch den Kerl vom Hals gehalten hat.“
„Hört, hört, ich kann meiner Mutter dankbar sein. Woher denn der Sinneswandel? Ich darf das M-Wort doch auch nicht benutzen.“
Draußen hupte es wieder. Daraufhin riss Bettina wütend das Fenster auf. „Ich bin doch nicht taub. Guten Morgen, Fritz. Tut mir leid, wir haben noch nicht gefrühstückt. Fahr schon mal ohne mich los.“
So schnell ließ sich der Freier nicht abwimmeln. „Das trifft sich gut, ich könnte auch einen Kaffee gebrauchen. Wir treffen uns am besten im ‚Kleinen Caféhaus‘. Da seid ihr in zwei Minuten zu Fuß. Ich warte dort auf euch.“
Bettina schloss das Fenster wieder und hob resigniert die Schultern. „Also gut. Aber du kommst mit, meine Liebe. Sieh zu, dass du schnell unter die Dusche kommst.“

Als Jonas am Abend bei Körtgen vorfuhr, um Eva abzuholen, kam diese gerade aus dem Haus. Sie öffnete die Tür des alten Volvos und ließ sich auf den Beifahrersitz gleiten. „Hallo“, sagte sie ein weinig verschmitzt. „Mit was für einem Gefährt bist du denn unterwegs?“
Jonas Gesicht verdunkelte sich bei diesen Worten. „So einen schicken Wagen wie Fritz kann ich

leider nicht vorweisen. Dieses Gefährt habe ich noch von meinem Vater. Es ist inzwischen 15 Jahre alt, aber immer zuverlässig. Alternativ hätte ich dich mit dem Trecker abholen können."
„Schon gut", beschwichtigte Eva. „So habe ich das ja nicht gemeint. Ich freue mich, dass du da bist. Wer braucht heute schon Klimaanlage, Bordcomputer und Navigation? Das wird alles überbewertet. Hauptsache, der Fahrer ist nett."
Jonas lächelte versöhnlich und fuhr schwungvoll an.
Eva war begeistert, als sie von Jonas durch das Weingut geführt wurde. So hatte sie sich das immer vorgestellt. Das alte Gemäuer verbreitete eine romantische Atmosphäre. Wenn man auf der Terrasse stand, sah man Weinberge, soweit das Auge reichte. Der Keller mit seinen alten Holzfässern war wirklich wie aus dem Bilderbuch. Aber auch der Teil mit den großen stählernen Tanks, in denen vorwiegend der Weißwein lagerte, faszinierte Eva.
„Die Fässer müssen übrigens vor einer erneuten Befüllung sorgfältig von innen gereinigt werden", erläuterte Jonas und deutete auf die recht kleine Öffnung an der Seite eines Fasses. „Willst du mal versuchen hineinzusteigen?"
Eva schüttelte ungläubig den Kopf. „Da passt doch höchstens ein Kind hinein."
„Das glaubst du. Hier putzt der Winzer selbst. Übrigens ist es ein alter Brauch, Frauen, die zu

frech werden, zur Strafe in ein Weinfass zu stecken."
Eva rümpfte die Nase: „Bisher habe ich dir ja geglaubt, jetzt übertreibst du aber. Wenn du nicht nett zu mir bist, mache ich einfach den Deckel zu, wenn du das nächste Mal Fässer putzt."
Sie gingen kichernd in den nächsten Raum. Eva schaute fragend zu der großen Maschine, die wie ein liegendes Stahlfass aussah.
„Das ist unsere Weinpresse", erläuterte Jonas. „Hier werden die Trauben mithilfe von Luftdruck gepresst.
„Ich hatte mir das Winzerhandwerk nicht so technisch vorgestellt", staunte Eva.
Jonas schmunzelte: „Ja, dachtest du, dass bei uns schöne Jungfrauen den Wein noch mit den Füßen stampfen würden?"
Jonas erntete einen wütenden Blick, den er mit einem Lachen kommentierte.
Eva konnte während der weiteren Erläuterungen den Blick kaum von Jonas abwenden, dabei fiel es ihr immer schwerer, sich zu konzentrieren.
„Das sind unsere Immervollfässer", hörte sie ihn gerade sagen.
„Immervollfässer? So eins hätte ich auch gerne. Das kann auch ruhig kleiner sein, wenn es immer voll ist, ist die Größe ja egal."
Jonas sah sie schmunzelnd an und legte einen Arm um sie. „Ich glaube, wir sollten mal nach oben gehen und ein Schlückchen trinken."

Es wurde ein wundervoller Abend und die beiden Frischverliebten verbrachten eine romantische Nacht zusammen.
Bettina hatte vollstes Verständnis, dass sie ihre Tochter abends nun nicht mehr sah. Sie würde den beiden sicher nicht im Wege stehen. Fritz hatte glücklicherweise den Besuch bei seinen Eltern beendet und war abgereist. Wie immer, wenn es um Männer ging, konnte Bettina sich nicht verkneifen, Eva zu warnen. „Du kannst dich gerne vergnügen, aber trau keinem Mann über den Weg. Dein Jonas ist da auch keine Ausnahme."
„Mutter, ich weiß schon, was ich tue, sei nicht immer so misstrauisch." Eva war sich sicher, dass es diesmal anders war. Ihr Jonas war der Mann fürs Leben. Den würde sie nicht mehr loslassen.
Nach der Rückkehr von der Ahr verabredete sich das Liebespaar täglich zum Skypen. Die Wochenenden verbrachte Eva meist auf dem Weingut. Sie pendelte zwischen der Ahr und dem Sauerland. Ihr Cabriolet kannte die Strecke bald quasi alleine. Nach zwei Monaten konnte sie sich bereits vorstellen, ganz an die Ahr zu ziehen. Jonas schien da auch nicht ganz abgeneigt zu sein. Eva sah sich in ihren Träumen schon als Winzergattin auf dem alten Weingut.

In Wirklichkeit war Jonas nicht so entspannt, wie er sich Eva gegenüber gab. Er hatte nämlich nicht

nur ein Problem an der Backe. Es war schon spät, als er an diesem Abend nach Hause kam und er war ziemlich verzweifelt. Die Bank hatte ihm den Geldhahn zugedreht.
„Einen neuen Kredit kann ich Ihnen leider nicht mehr geben," hatte der grauhaarige Schlipsträger in einem übertrieben höflichen Ton zu ihm gesagt. „Ihre Einnahmen reichen einfach nicht aus. Sie müssen sich etwas einfallen lassen."
Wie hatte sein Vater das nur immer all die Jahre geschafft? Jonas parkte den alten Volvo auf dem Hof und stieg die kleine Treppe hinauf, um nach dem nächsten Problem zu sehen. Auf der Rampe oberhalb der Terrasse stand der alte Schmalspurtrecker, den er dringend für die Arbeit im Weinberg benötigte. Das Fahrzeug stammte noch von seinem Großvater. Irgendjemand hatte ihm im Laufe der Jahre den Namen „Hugo the Boss" gegeben. Keiner wusste mehr so genau warum, aber der Name blieb. Als Jonas neben dem alten Gefährt ankam, blickte sein Kumpel Ali mit ölverschmiertem Gesicht gerade aus dem Motorraum hervor, über den er sich gebeugt hatte.
Trotz aller Sorgen musste Jonas lachen. „Ali, ich dachte du bist Türke, heute gehst du als Schwarzafrikaner durch."
Ali, der normalerweise in seiner eigenen Werkstatt Nobelkarossen tunte, war nicht zum Lachen zumute. Wenn „Hugo the Boss" Probleme machte, flickte er ihn für seinen Kumpel Jonas immer

irgendwie wieder zusammen. „Jonas", sagte er jetzt mit ernstem Ton, „du musst dir etwas einfallen lassen. Ich weiß nicht, wie lange ich den alten Schrotthaufen noch zusammenflicken kann. Den kannst du bald zum Treckerfriedhof bringen."

Das hatte ihm gerade noch gefehlt. Für Jonas war das eine Katastrophe. Er brauchte das Fahrzeug dringend. „Wenn der Trecker schlapp macht, ist es zappenduster", dachte er. An eine Neuanschaffung war nicht zu denken. Das hatte ihm der höfliche Bankberater ja gerade klar gemacht. Irgendetwas musste passieren.

Die Geldsorgen und der Trecker waren aber nicht Jonas einzige Probleme. Es gab da noch die Sache mit seinem Nachbarn Alfons Schneider. Zuerst hatte er gedacht, dass er durch die Geschichte seine eigenen Probleme lösen könne. Naja, nicht alle, aber zumindest vorübergehend die finanziellen.

Das Weingut seines Nachbarn Alfons Schneider unterschied sich deutlich von seinem. Es war mit fast 20 Hektar vier Mal so groß wie sein eigenes. Das Haupthaus war vor einigen Jahren restauriert worden. Es war sehr modern und hatte klare Linien. Man hatte edle Natursteine und viel Glas verarbeitet. Jonas war neidisch auf seinen Nachbarn Alfons, der noch dazu ein eingebildeter, aufgeblasener Typ war und ihn deutlich die finanziellen Unterschiede spüren ließ. Jonas hasste es,

wenn er mit seinem schicken BMW die Straße herunter brauste und ihm herablassend zuwinkte. Allerdings gab es hinter der schicken Fassade ein dunkles Geheimnis, dem Jonas vor ungefähr drei Wochen auf die Schliche gekommen war, als er zufällig bei seinem Nachbarn im Weinkeller vorbeischaute. Er wollte gerade laut „hallo“ rufen, als er sah, dass in der Ecke eine Tür geöffnet war, die ihm noch nie aufgefallen war. Neugierig schlich er sich heran und blickte in den Raum. Da stand doch tatsächlich eine alte Destillerieanlage. An der Wand waren zahlreiche Regale voller schlanker Flaschen angebracht, die vermutlich selbst erzeugte Brände enthielten. „Alfons hat doch überhaupt keine Lizenz zum Brennen“, überlegte Jonas. Geistesgegenwärtig wich er leise zurück und schlich sich davon.
Draußen kam ihm Alfons’ Sohn Otto entgegen. Otto war ein großer, breitschultriger, fast bulliger junger Mann, der nie viele Worte machte. Die Leute im Dorf tuschelten, dass er geistig nicht ganz auf der Höhe sei. Jonas grüßte und ging schnellen Schrittes davon.

Am nächsten Morgen landete ein anonymer Erpresserbrief in Alfons’ Briefkasten. Der Schreiber verlangte 50.000 Euro für sein Schweigen über die illegale Produktion von hochprozentigen Getränken in seinem Keller.

Alfons tobte wütend. Das würde er sich nicht gefallen lassen. „Otto“, rief er in den Hof, „komm sofort her, wir müssen dringend etwas klären.“
Alfons zählte eins und eins zusammen und wusste sofort, wer hinter der Erpressung stand.
Zwei Tage später war Jonas gerade in seiner steilsten Weinlage dabei, die Reben auf Schädlinge zu kontrollieren. Die Arbeit erforderte ein gutes Auge und vor allem einen sicheren Tritt in dem steilen Weinberg. Plötzlich rollten ein paar kleinere Steine direkt auf Jonas zu. Als er hochschaute, tauchte Otto direkt über ihm auf. Otto stützte einen Fuß auf einen großen Felsklumpen. „Jonas, pass auf, was du tust. Wenn du uns nicht in Ruhe lässt, wirst du eines Tages an den Füßen zuerst aus dem Weinberg getragen. Ich bringe dich um, wenn du die Sache in irgend einer Form jemals wieder erwähnst.“
Dabei trat er mit dem Fuß noch einige kleine Steine los, die auf Jonas zurollten, dem vor Angst der Schweiß ausbrach.
„Otto, ich weiß nicht, wovon du sprichst.“
Otto deutete mit dem Fuß einen Tritt gegen den großen Felsbrocken an. „Na, Jonas, fällt es dir wieder ein oder muss ich noch deutlicher werden?“
„Schon gut, Otto. Ich habe verstanden. Alles klar.“
Otto zeigte seine erhobene Faust, als er sich abwandte.

„Du solltest mich nicht unterschätzen. Keine Tricks.“
„Scheiße, das war’s“, dachte Jonas, während sich sein Puls wieder verlangsamte. „Wie soll ich je das Geld für einen neuen Trecker und für die Bank aufbringen? Ich bin erledigt, wenn das mit der Erpressung nicht klappt. Nein, so leicht werde ich mich nicht einschüchtern lassen, das ist meine letzte Chance. Mal sehen, wer hier die dickeren Nerven hat.“
Am Abend landete der zweite Erpresserbrief bei Alfons. Die Forderung hatte sich auf 75.000 Euro erhöht. Jonas schlief in dieser Nacht sehr unruhig. Am nächsten Tag arbeitete er in einer flacheren Lage seiner Weinberge.
Nach Feierabend verschloss er alle Türen und Fenster im Weingut sorgfältig und setzte sich etwas angespannt mit einem Glas Wein in seinen Lieblingssessel. Dabei achtete er auf jedes Geräusch.
Plötzlich wurde er durch das Klingeln des Telefons aufgeschreckt. Er blickte nervös auf das Display. „Auch das noch“, dachte er müde, „Helga. Das muss jetzt wirklich nicht sein. Ich stelle mich einfach tot.“
Der Anrufbeantworter sprang an. „Liebster, schade, dass du nicht da bist. Ich würde so gerne deine Stimme hören. Vielleicht kannst du ja später zurückrufen.“

Helga war ein weiteres Problem im Leben von Jonas Bunger. Sie war damals die Hässlichste in der Klasse. Ihre Nase sah einer Knolle nicht unähnlich und wenn sie lachte, zeigte sich eine Reihe schiefer Zähne. Inzwischen hatte sie sich zu allem Überfluss noch eine mehr als üppige Figur zugelegt. Helga hatte allerdings auch ihre Vorzüge. Da ihre Eltern vor zwei Jahren bei einem Autounfall ums Leben gekommen waren, war sie durch die Erbschaft zu einer reichen Frau geworden. Dies machte sie schließlich für Jonas attraktiv. Sie hatte ihm eine große Summe geliehen und er ihr dafür die Ehe versprochen. Zum Glück arbeitete Helga in Frankfurt bei einer Bank und war nur selten an der Ahr. Wenn Eva Wind von der Sache bekommen würde, würde er sie verlieren. Das war für ihn ein schrecklicher Gedanke.
Jonas hatte sich wirklich in Eva verliebt. Zum Glück schien sie auch nicht gerade über wenig liquide Mittel zu verfügen. Es passte alles so wunderbar zusammen. Die beiden Frauen durften auf keinen Fall etwas voneinander erfahren. Vorsichtshalber änderte er den Klingelton für Helgas Anrufe. So würde er die Gefahr sofort erkennen, wenn sie sich meldete.

Es war ein sommerlich warmer Freitagabend, als Jonas entspannt in der Hängematte auf der Terrasse vor dem Haus lag. Er träumte von Eva, die jeden Moment eintreffen würde, um das Wochen-

ende mit ihm zu verbringen. Er hatte gar nicht bemerkt, dass sie gekommen war, als sie plötzlich lächelnd vor ihm stand. Im selben Moment schellte sein Handy, das auf dem Gartentisch lag.
„Oh, nein“, dachte Jonas, „der Klingelton. Das ist Helga, die blöde Kuh.“
Eva bewegte sich auf den Gartentisch zu: „Ich gehe schon.“
„Nein, lass mal, ich mache das.“ Jonas wollte sich mit einem Schwung aus der Hägematte erheben, als sich sein rechter Fuß in einem der Halteseile verhakte. Er landete bäuchlings auf dem Boden und hob den Kopf. Eva prustete bei dem komischen Anblick los. „Das war zu komisch. Hast du dir wehgetan?“
Jonas schüttelte tapfer den Kopf, obwohl sein rechter Arm heftig schmerzte. Das Handy klingelte weiter. Eva nahm es vom Tisch.
„Jetzt ist alles vorbei“, dachte Jonas. „Eva ist weg und Helga will ihr Geld zurück.“
Eva reichte ihm das Handy. „Da ist aber jemand hartnäckig. Scheint ja mächtig wichtig zu sein.“
Jonas atmete auf. „Ja, bitte.“
„Jonas, Liebling, was ist denn los, du lässt dir aber mächtig Zeit.“
„Ja, ich bin gerade sehr beschäftigt. Ich werde mich wieder melden.“
„Was ist denn los? Hast du Besuch?“

„Es gibt keinen Grund, das anzunehmen. Ich sagte ja schon, ich melde mich, sobald ich Zeit habe.“
„Du bist so komisch, liebst du mich noch?“
„Selbstverständlich, wieso sollte ich meine Meinung ändern? Dazu gibt es keinen Grund. Ich wünsche einen schönen Abend, tschüss.“
Eva sah Jonas besorgt an. „Ärger? Hast du Probleme?“
„Nein, alles klar, das war ein alter Kunde, der angeblich eine falsche Lieferung bekommen hat.“
Jonas Nerven waren bis auf das Äußerste gespannt, als er Eva endlich zur Begrüßung küsste. Plötzlich hörte er ein Knacken. Als er aufblickte, sah er einen Schatten hinter „Hugo the Boss“. Der Trecker war wie immer auf der abschüssigen Wiese oberhalb der Terrasse geparkt. In Nullkommanichts löste sich Jonas aus Evas Armen und war beim Trecker. Zwischen den Weinstöcken sah er eine kräftige Gestalt Richtung Nachbarweingut laufen. Das konnte nur Otto sein. Jonas Atem ging schneller. Die Bremsklötze, die den Trecker daran hindern sollten, die steile Rampe herabzufahren, waren entfernt worden. Die Handbremse war gelöst, aber der erste Gang war noch eingelegt, sonst wäre der Trecker direkt auf die Terrasse gerutscht. Jonas hatte die Katastrophe im letzten Moment verhindern können. Alfons und Otto schienen ernst zu machen.
„Alles klar?“ Eva stand plötzlich neben ihm.

„Ja, das war wahrscheinlich nur eine Katze.“
„Ich würde den gerne mal fahren.“
Jonas war jetzt wirklich nicht nach einer „Treckerprobefahrt“ zumute. Er wollte sich aber seine Nervosität nicht anmerken lassen und stimmte schweren Herzens zu.
Der Schlüssel lag wie immer unter einem losen Stein in einem kleinen Mäuerchen. Eva stieg begeistert ein und startete das alte Gefährt. Jonas sprang zur Seite. Es knatterte etwas „unrund“, dann setzte sich das Fahrzeug in Bewegung.
„Ist das lustig.“ Eva strahlte und fuhr auf die Ausfahrt zu.
„Sei vorsichtig.“ Jonas stand der Schweiß auf der Stirn. „Wenn der Trecker schlapp macht, bin ich erledigt. Ich kann mir keinen neuen leisten.“
Jonas wusste nicht, warum er auf einmal so ehrlich war. Es fiel im einfach schwer, Eva etwas vorzumachen. Außerdem konnte er seinen Geldmangel auf Dauer sowieso nicht verbergen.
Eva stoppte den Trecker abrupt und sah Jonas besorgt an. „So schlimm?“, fragte sie. „Ich dachte mir schon, dass du nicht im Geld schwimmst, aber das hört sich ja so an, als stündest du fast vor der Pleite.“
Sie stieg vom Trecker und legte ihm den Arm um die Schulter. „Park das Ding mal vorsichtig ein. Dann reden wir.“
Jonas fuhr den Trecker an seinen Stammplatz zurück, legte einen Gang ein und zog die Hand-

bremse an. Dann sprang er schwungvoll herunter und schob die Bremsklötze unter die Hinterräder. „Das ist wichtig“, erläuterte er Eva. „Wir wollen den doch nicht plötzlich auf der Terrasse stehen haben.“
Die beiden gingen eng umschlungen ins Haus. Es kam, wie es kommen musste. Eva machte Nägel mit Köpfen. Sie gab Jonas 5.000 Euro für die rückständigen Bankraten. Für die nächste Woche beantragte sie kurzfristig Urlaub und vereinbarte Termine mit der Bank und einem Rechtsanwalt. Am Ende der Woche hatte sie eine hohe Bankbürgschaft und einen Leasingvertrag für einen neuen Trecker unterschrieben. Im Gegenzug würde sie das Weingut bekommen, falls Jonas nicht zahlen könnte.
Ihre Mutter schlug die Hände über dem Kopf zusammen, als sie davon erfuhr. „Wie kannst du nur so leichtsinnig sein? Habe ich dir nicht gesagt, du sollst dich vor den Männern in Acht nehmen?“
„Aber Mama“, erwiderte Eva beschwichtigend. „Bei Jonas ist das etwas anderes. Ich weiß genau, dass er mich liebt. Wenn der mich wirklich betrügen würde, würde ich ihn umbringen.“
„Das wird kein Problem sein. Auf meine Hilfe kannst du zählen. Es wird einfach einen kleinen Jagdunfall geben. Schießen kannst du ja“, pflichtete Bettina etwas versöhnlicher bei.

Als Ali von dem Geld und der Bürgschaft erfuhr, schüttelte er den Kopf. „Jetzt wird es eng, mein Junge. Wie willst du denn nun das Helgaproblem lösen?“
Jonas sah in verzweifelt an. „Umbringen wäre die beste Lösung. Vielleicht sollte ich ihr ein Glas Wein mit einem tödlichen Zusatz servieren.“
Ali fand das nicht so lustig. „Jonas, es wird Zeit, dass du erwachsen wirst und Verantwortung übernimmst. Du musst Helga reinen Wein einschenken.“

Ali hatte gut reden. Wie sollte das gehen? Wenn Helga die Wahrheit erfuhr, würde sie sofort das Geld zurückfordern, sodass es sich gar nicht vermeiden ließ, dass Eva Wind von der Sache bekam. Er wollte weder Eva noch ihr Geld verlieren. Jonas war verzweifelt. Da er es nicht mehr länger geschafft hatte, Helga weiter hinzuhalten, würde sie zu allem Überfluss heute Abend hier auftauchen. Eva hatte er erzählt, er hätte an diesem Wochenende einige wichtige Geschäftstermine. Zum Glück hatte sie daraufhin mit einer Freundin eine Shoppingtour und einen anschließenden gemütlichen Mädelsabend geplant.
In diesem Moment kam Helgas Auto auch schon um die Ecke gebogen. „Hallo, Liebling“, rief sie ihm schon aus dem offenen Fenster heraus zu. „Überraschung! Ich habe es früher geschafft. Wir

haben uns so lange nicht gesehen und ich hatte solche Sehnsucht. Freust du dich?“
Jonas zuckte bei dem Redeschwall zusammen.
„Na dann viel Spaß“, verabschiedete sich Ali schnell. „Ich muss los.“
Helga stieg schwerfällig aus dem Auto. Sie trug ein knallrotes, langes T-Shirt, das um ihren üppigen Körper schlabberte, und eine viel zu enge Jeans darunter. Abgerundet wurde der Anblick durch ein Paar klobige flache Schuhe. Sie gab Jonas einen feuchten Kuss. Der Ekel stieg in ihm hoch. „Ich muss sie loswerden“, dachte er. „Mir bleibt keine Wahl. Ich bringe sie um, sonst habe ich sie mein Leben lang an der Backe.“
Da er vermeiden wollte, zu viel Zeit mit Helga alleine auf dem Weingut zu verbringen, schlug er vor, einen kleinen Spaziergang zum Kloster Marienthal zu machen. Kurze Zeit später machten sie sich mit dem alten Volvo auf den Weg. „Was soll ich nur tun?“, fragte er sich verzweifelt. „Ich weiß nicht, wie ich dieses Wochenende mit der alten Kuh überstehen soll.“

Eva war am Samstag gerade dabei gewesen, ihre langen Haare zu föhnen, als das Telefon klingelte. Sabrina, mit der sie sich zur Shoppingtour verabredet hatte, lag mit Grippe im Bett. Eva ließ sich auf den Badezimmerhocker fallen. „Und nun? Keine Shoppingtour, kein Mädelsabend. Was mache ich jetzt mit diesem wunderbaren, sonni-

gen Wochenende?“ Eva sehnte sich nach Jonas und den Weinbergen. „Was soll’s?“, dachte sie. „An der Ahr ist es doch am schönsten. Da mache ich halt alleine eine schöne Wanderung und gehe irgendwo gemütlich etwas essen. Ich überrasche Jonas heute Abend einfach. Er wird ja schließlich nicht die ganze Nacht arbeiten.“
Sie packte ihre kleine Reisetasche und die Wanderschuhe in den Kleinwagen, den ihr die Autowerkstatt freundlicherweise zur Verfügung gestellt hatte, da ihr Cabriolet in der Werkstatt stand und ein fehlendes Ersatzteil nicht lieferbar war. Sie beschloss, das Kloster Marienthal als Ausflugsziel zu nehmen, und freute sich schon jetzt auf einen leckeren Flammkuchen am Ende ihrer Wanderung.
Nachdem sie das Kloster am frühen Abend erreicht hatte, setzte sie sich entspannt in die Sonne und bestellte einen Rosé. „Einen darf ich“, dachte sie. „Ich muss ja später nur noch ein kleines Stück mit dem Auto fahren.“
Auf dem Weg zur Toilette sah sie an einem Tisch, der etwas abseits in einer Ecke stand, ein eng aneinander gekuscheltes Paar sitzen. Während sie noch überlegte, wie schön es wäre, wenn Jonas auch hier wäre, stutzte sie plötzlich. „Jonas!“ Der Schrei blieb ihr in der Kehle stecken. „Das glaube ich jetzt nicht.“ Da saß ihr Jonas mit einer fetten, hässlichen Frau im Arm. Evas Atem stockte. Sie wich etwas zurück, sodass er sie nicht

sehen konnte. Aber was war das überhaupt für eine Frau? Die konnte doch unmöglich sein Typ sein. Das musste ein Irrtum sein. Evas Gedanken überschlugen sich. „Was soll das?“ Das Lied von Herbert Grönemeier schoss ihr durch den Kopf „Seit wann zieht’s dich zu Fetten hin? Los sag was!“ Evas Gefühle fuhren Achterbahn. Sie wollte nur noch weg. Da der Wein noch nicht gekommen war, machte sie sich einfach unbemerkt aus dem Staub. Ihre Augen füllten sich mit Tränen, während sie die steile Treppen hinauf und zurück in die Weinberge lief.

„Jonas, ich liebe dich doch so“, dachte sie. Ausgerechnet jetzt fielen ihr die Worte ihrer Mutter ein: „Traue keinem Mann!“ Vielleicht hatte sie ja doch recht. Irgendwann auf dem Fußmarsch zurück zu ihrem Auto schlug die Verzweiflung in Aktionismus um. Sie musste genau wissen, was da gespielt wurde. Sie stellte das kleine Auto vorsichtshalber einen guten Kilometer vom Weingut entfernt ab. „Den Wagen kennt Jonas zwar nicht“, dachte sie, „aber sicher ist sicher.“

Mit einem unguten Gefühl machte sie sich auf den Weg zu Fuß zum Weingut und schlich oberhalb des Hauses auf das Gebäude zu. Ihr Herz klopfte bis zum Hals. Irgendetwas stimmte hier nicht. Es musste ein Missverständnis sein. Jonas liebte nur sie. Eva schlich sich vorsichtig von hinten an das Haus heran. Dabei versteckte sie sich hinter „Hugo the Boss“, der darauf wartete,

bald gegen ein schickes neues Modell ausgetauscht zu werden. Eins, für das sie selbst den Leasingvertrag unterschrieben hatte.
„Hat Jonas mich nur ausgenutzt?“ Zweifel stiegen in Eva hoch. „Ach hätte ich doch nur auf meine Mutter gehört.“ Sie schlich langsam neben dem alten Trecker an den Rand der Rampe. Von dort würde sie einen guten Blick auf die Terrasse haben. Sie traute ihren Augen nicht. Jonas saß auf der kleinen Bank, auf der sie beide schon so manches Gläschen Wein zusammen getrunken hatten. Die Dicke hatte ihren Kopf auf seinen Schoß gelegt. Wie ein Missverständnis sah das nicht aus.
„Dieses Schwein!“ Die Wut kochte in Eva hoch.
„Ich habe es Mutter versprochen“, zischte sie leise. „Ich bringe dich um.“
Vorsichtig entfernte sie die Bremsklötze unter den Hinterreifen des Treckers. Vor Wut zitternd beugte sie sich in das Fahrzeug, nahm den Gang heraus und löste die Handbremse.
Jonas zermürbte sich das Hirn. „Wie werde ich Helga nur los?“, dachte er verzweifelt. “Ich muss sie umbringen. Mir fällt keine andere Lösung ein.“Plötzlich hörte er ein Geräusch oberhalb der Terrasse. Er schaut erschrocken nach oben. „Otto“, schoss es ihm durch den Kopf. Er blickte zum Trecker und sah mit Erstaunen Evas Blondschopf zwischen den Reben verschwinden. Dann war es auch schon zu spät. Das schwere Fahrzeug rollte direkt auf die kleine Bank zu. Im selben

Moment hatte sich das Problem mit Helga gelöst. Zu dumm für Jonas, dass er es selbst nicht mehr erlebte.
Eva verschwand auf demselben Weg, auf dem sie gekommen war. Froh, dass ihr auffälliges Cabrio in der Werkstatt war, fuhr sie mit dem Kleinwagen zurück nach Hause. Niemand würde vermuten, dass Eva an diesem Wochenende an der Ahr war. Als Ali sie am nächsten Morgen anrief, begrüßte sie ihn nicht gerade höflich: „Weißt du wie spät es ist? Es ist Sonntag. Du hast mich geweckt. … Oh nein, was für ein schrecklicher Unfall. Ich komme sofort."
Sie machte sich im Wagen ihrer Mutter auf den Weg an die Ahr, drehte das Radio auf und sang laut „Männer sind Schweine" mit. „Ich habe jetzt ein eigenes Weingut", dachte sie lächelnd, „und der Ali ist auch ein ganz schnuckliger Typ."

Frank W. Kallweit

Tödliche Verbindung
(Tatort: Pfalz/Südliche Weinstraße)

Vor seinen Augen öffnete sich ein skurriles Stillleben. Sehr still, denn die Geräusche der Arbeiten in den Weinbergen waren verstummt. Die Idylle wurde aus den kleinen Wellen der Reben geformt. Dahinter türmten sich die großen Wellen mit ihren grünen Kronen auf. Jörg Schiminski liebte dieses Landschaftsbild, das von den Jahreszeiten so wunderbar koloriert wurde. Doch nun schienen die zahllosen Rebstöcke in Reih und Glied zum Abschied zu salutieren. Über ihnen thronte, der Realität fast entrückt, das Hambacher Schloss, als erteile es die letzte Absolution. Zu seinen Füßen auf dem staubigen Grund war eine männliche Leiche drapiert. Gepflegte Erscheinung, Ende sechzig, schwarzer Anzug, vermutlich auf Maß geschneidert, gefaltete Hände und geschlossene Augenlider. Schiminski beugte sich hinunter zur Leiche, um weitere interessante Details zu finden. Das Gesicht des Toten war durch eine lange Narbe gekennzeichnet, die er schon viele Jahre getragen haben musste. Dazu gesellten sich nun einige frische Schnittwunden und offensichtlich ein Stich mitten ins Herz. Am Boden fand er jedoch keine Blutlache, die der Größe der Wunde entsprach, nur Staub. Schiminskis Suche

wurde abrupt beendet. „Hallo, was machen Sie da? Finger weg! Das ist ein Tatort!“ Bei diesen Worten spürte Schiminski einen unsanften Druck an seiner rechten Schulter.
Schiminski drehte sich um, schaute in das Gesicht eines Mannes. Dieser war vielleicht Anfang dreißig und hatte eine sportliche Erscheinung.
„Das soll hier der Tatort sein? Ist das wirklich Ihre Einschätzung? Wer sind Sie eigentlich?“, Schiminskis Worte trafen sein Gegenüber völlig unvermutet.
„Das habe ich ja noch nie erlebt. Ich bin der leitende Ermittler, ich stelle die Fragen!“ Nach einer kurzen Pause, in der er Schiminski genau musterte, ergänzte er: „Klaus Keschde, Kriminaloberkommissar Klaus Keschde. Und wer sind Sie? Und vor allem, was machen Sie hier?“
„Jörg Schiminski, Urlauber aus dem Sauerland!“

Schiminski reiste gern. Zusammen mit seiner Frau hatte er schon im Okavango-Delta zwischen Elefanten gezeltet, war mit dem Fahrrad durch Kambodscha zum Angkor-Wat-Tempel geradelt… Verwandte, Freunde, Kollegen, Nachbarn und Bekannte, alle kannten die Vorliebe der Schiminskis für exotische Abenteuerreisen. „Na, wo geht es denn diesmal hin? Ihr ward doch schon überall auf der Welt!“ Diese Aussage war natürlich bewusst übertrieben worden.

„Krokodil, Känguru, tausendjährige Eier, Heuschrecken oder gegrillte Spinnen, könnt ihr das denn noch steigern?“ Die Fragesteller hatten gespannt auf Schiminskis Lippen geschaut.
„Saumagen!“, so die überraschende Antwort.
„Ekelig. Wo gibt's denn das?“, war die erste Reaktion gewesen.
„Oder Fläschknepp“, hatte Schiminski ergänzt.
„Aufregend, was ihr euch so traut“, darin war fast schon etwas Bewunderung zu vernehmen gewesen.
„Wieso nicht? Man sollte doch offen sein für das Neue“, hatte schon eine fast philosophische Diskussion begonnen.
„Gibt's Saumagen eigentlich auch für Vegetarier?“, überraschte eine Frage die Runde.
„Klar, wenn das Schwein nur Gemüse gefressen hat“, folgte der Spott.
„Aber wo geht's denn jetzt hin in den Urlaub?“, hatten die Freunde genau wissen wollen.
„Pfalz, südliche Weinstraße“, hatte sie die unglaubliche Antwort ereilt.
„Ne, jetzt nimmst du uns auf den …?“
Aber die Schiminskis hatten es so gemeint, wie sie es gesagt hatten. Ihr Urlaubsziel hieß Pfalz, seit einigen Jahren ihr neues Abenteuer. Die Römer waren da gewesen, die Franzosen und nun sollten die Sauerländer kommen.
Schiminskis bezogen ihr Quartier gern in der Jahnstraße über den Dächern der kleinen Stadt St.

Martin. Über diese Straße führt der Deutsche Weinwanderweg direkt nach Neustadt. Sie liebten den tollen Fernblick, nahmen dafür aber auch den steilen Weg hinunter in den Ortskern in Kauf. Auf halben Weg, direkt auf Höhe der Kirche, lag das Glockenstübl. Waren die großen Tore jedoch geschlossen, gewöhnlich am dienstäglichen Ruhetag, hieß es, weiter steil abzusteigen. Dies wäre eigentlich okay, wenn nur am Ende des Abends nicht der Aufstieg bevorstehen würde. Deshalb war häufig auf Höhe des Glockenstübls ein Seufzer von Frau Schiminski zu vernehmen, den ihr Mann stets kommentierte. Angesichts des drohenden steilen Anstiegs am Ende ihres Ausflugs gab er oft den ganz „lieb“ gemeinten Hinweis: „Kannst ja auch eine Weinschorle trinken!“ Mit Weinschorle war die Pfälzer Mischung gemeint, bei der die Gläser bis zum Eichstrich mit Wein gefüllt und um einen winzigen Schuss Wasser ergänzt werden.
Die Schiminskis liebten die Pfälzer Genüsse, Landschaft, Wein und Speisen. Mindestens einmal im Jahr suchten sie hier Entspannung.
Doch in diesem Jahr schien alles anders. Jörg Schiminski hatte seinen letzten Fall zu den Akten gelegt. Der Ruhestand war für den Hauptkommissar eine echte Herausforderung, vielleicht noch viel mehr für seine Ehefrau Susanne. „Die Pfalz tut dir doch immer gut. Da kannst du deinen Ruhestand genießen mit Wein und Wanderungen.

Einfach die Seele baumeln lassen“, formulierte Susanne Schiminski vorsichtig.
„Die Seele strangulieren? Gedanken und Zweifel im Wein ertränken?“, returnierte Schiminski missmutig.
„Nein, du kannst dich einfach nicht von deinem Beruf lösen. Daheim den sterbenden Schwan zu spielen, das ist auch keine Lösung. Jammer nicht, genieß doch einfach deine neue Freiheit!“
Susanne konnte die Zweifel ihres Mannes einfach nicht nachvollziehen. Hatte er doch die letzten Jahre über die hohe Arbeitsbelastung geklagt. Und nun? Er schien über die eigenen Füße zu stolpern. All seine Lebensenergie hatte er offenbar mit seinen Altakten archiviert. Susanne war als erfolgreiche Journalistin tätig, nahm aktiv am kulturellen Leben teil und hatte keine Lust, ihr Leben aufzugeben, um sich als Psychotherapeutin mit den Problemen ihres Mannes zu beschäftigen. Ihr Mann nervte einfach nur. „Eine Last, die so schwer wurde, dass sie das Boot zum Kentern bringen kann, sollte man lieber über Bord werfen“, entschloss sich Susanne Schiminski.
So hatte sie, wohl als Rettungsmaßnahme gedacht, die Ferienwohnung in St. Martin in diesem Jahr für volle drei Wochen gebucht. Susanne verordnete ihrem Ehemann zwei Wochen Pfalz und wollte in der dritten Woche das Behandlungsergebnis selbst vor Ort prüfen. Schiminski beantwortete den Plan wortlos mit einem zweitägi-

gen Schweigen. Am dritten Tag packte er seinen Koffer und trat die Reise in die Pfalz allein an, als sei dieser Ausflug stets sein eigener Plan gewesen. Es war keine große Fernreise, aber das Ziel lag weit genug entfernt, um den nötigen Abstand zu gewinnen.

Zwei Tage lang schien es, als würde Susanne ihr Ziel erreichen. Die idyllische Region aus Wald und Reben brachte ihn offenbar auf andere Gedanken. Doch dann lag plötzlich diese Leiche vor seinen Füßen. Als Tourist hatte er sich der heimischen Polizei vorgestellt, doch tatsächlich war wieder der Ermittler in ihm erwacht.
Etwas verstärkte die Veränderung, er hatte den Toten bereits einen Tag zuvor in der Straußenwirtschaft des Fichtenhofes gesehen. Am Morgen jenes Tages hatte sich Jörg Schiminski zu einer Wanderung in den Pfälzer Wald entschlossen. Die Wettervorhersage hatte einen heißen und schwülen Tag prophezeit, Grund genug die Kühle des Waldes aufzusuchen. Beim Frühstuck hatte Schiminski im Verzeichnis des Pfälzer Waldvereins gesucht. „Ja, die Hütte am Kalmit hat heute geöffnet“, damit hatte die Entscheidung festgestanden. „Es geht auf den höchsten Berg.“ Eine Herausforderung, die auf dem Gipfel mit Saumagen und Rieslingschorle belohnt worden war. Auf dem Rückweg hatte der Wanderer einen Zwischenstopp im Fichtenhof eingelegt. Er hatte nur

noch genießen und ausspannen wollen, ein Glas Rosé, sein persönlicher Sommerwein, und eine Flasche Wasser. Jens Fichte, der im Familienbetrieb als Kellermeister tätig war, hatte einige Tische von ihm entfernt gesessen. Der Winzer hatte mit der Person, die nur einen Tag später tot zwischen Weinreben unterhalb des Hambacher Schlosses gefunden wurde, ein intensives Gespräch geführt.
„Jens, gab's Ärger?“, hatte Schiminski später Fichte gefragt.
Doch der Kellermeister hatte abgewinkt.
„Der hatte wohl schlagkräftige Argumente?“, ergänzte der Tourist aus dem Sauerland mit einem Grinsen. Fichtes Gesprächspartner war im Gesicht durch eine lange Narbe gekennzeichnet. „Ein Schmiss, Ergebnis einer Mensur in einer schlagenden Verbindung“, so kombinierte Schiminski in Gedanken messerscharf.
„Nein, nein, kein Problem, ich habe nur ein intensives Gespräch mit einem Kunden geführt, einem Weinhändler aus Iserlohn. Kommst du nicht auch aus dem Sauerland?“ Ohne die Antwort abzuwarten, hatte Fichte weitergeredet: „Winfried Öchsle, Öchsles Weinkontor, kennst du bestimmt?“
Nein, Schiminski hatte den Weinhändler nicht gekannt. Er war zwar darüber verwundert gewesen, einen Weinhändler in Iserlohn nicht zu kennen, verlor jedoch keine weiteren Gedanken darüber, sondern genoss die sommerliche Stimmung

und den guten Wein, den guten Wein und noch mal den guten Wein. Danach suchte er seine Unterkunft auf. Davor lag der steile Anstieg an der Kirche vorbei. Die Anstrengung ließ ihn fast wieder nüchtern werden.
Die Nacht verlief ziemlich unruhig. Grund war nicht das eine oder andere Gläschen Wein, nein, es war die schwüle Witterung. Gegen Morgen brachte ein Gewitter Abkühlung, verschonte jedoch die Orte an der südlichen Weinstraße vor Starkregen und Hagel. Der Pfälzer Wald hatte mal wieder als Schutzwall gedient. Wasser hätten die Reben schon benötigt, jedoch wohl dosiert.
Am frühen Morgen hatte sich der Tourist aus dem Sauerland auf den Weg durch die Weinberge Richtung Neustadt aufgemacht. Unterhalb des Hambacher Schlosses hatte er den grausigen Fund gemacht. Winfried Öchsle, der Weinhändler aus Iserlohn, lag tot auf dem staubigen Boden. Er hatte den Toten sofort erkannt. Die lange Narbe auf der linken Wange war nicht übersehbar. Sein Erkennungszeichen: ein Schmiss. Der Tote hatte offensichtlich beim Fechten in einer schlagenden Studentenverbindung diese Verletzung, in diesen Kreisen eher Auszeichnung, davongetragen.
Schiminski hatte „Blut geleckt“. Er konnte einfach nicht anders. Seit jenem Fund war er nicht mehr der Tourist. Schiminski war wieder zum Jäger geworden. Er musste Witterung aufnehmen, einfach mehr über diesen Toten erfahren. Am

folgenden Morgen am Frühstückstisch durchsuchte er intensiv den Pfalz Kurier nach einer Nachricht. „Verdammt, es muss doch irgendwo in der Zeitung stehen“, dachte Jörg. Der Ermittler hatte eine große Schlagzeile erwartet, aber er fand keinen entsprechenden Aufmacher des Tages. Selbst das Kleingedruckte durchforstete Schiminski, doch auch darin war kein noch so winziger Hinweis versteckt. „In Maikammer war eine Frau beim Verlassen eines Bekleidungsladens von einem beißwütigen Marder angegriffen und zu Boden geworfen worden.“ So stand es schwarz auf weiß, jedoch kein Wort über den toten Weinhändler.

Schiminski war erregt. „Verdammt, da bin ich einer ganz großen Sache auf der Spur“, ahnte er. Der Grund für das Schweigen im Blätterwald konnte doch nur eine Nachrichtensperre sein.

Schiminski musste mehr über den Toten erfahren. „Wer ist der Unbekannte? Ist der wirklich ein Weinhändler in meiner Heimatstadt?“ Der Sauerländer kannte eine fantastische Informationsquelle in Iserlohn. Doch diese war wohl zur Zeit versiegelt. Die Informationen könnte sicherlich seine Frau beschaffen, die als regionale Fernsehjournalistin über vorzügliche Kontakte verfügte. Doch Susanne, da war sich Jörg Schiminski ziemlich sicher, würde bei einer derartigen Bitte toben. Undenkbar für ihn, bekannt zu geben, dass er nun wieder in einem Kriminalfall verwickelt sei. Er grübelte, dann hatte er einen Plan. Die Umsetzung brauchte jedoch einige Zeit. Unterdessen hörte er sich im Dorf um. Die Ermittlungsorte: Glockenstübl, Fasskeller, Schlösschen, Bachhäusl. Speisen und Wein dienten als Tarnung. Eine anstrengende Ermittlungszeit. Das erste Ergebnis ließ nicht lange auf sich warten: Der Tote hatte im Schlösschen gewohnt, war dort kein Unbekannter. Auch bei den Winzern war er Kunde, hatte in diesem Jahr jedoch offensichtlich auch Interesse an Immobilien. Öchsle hatte sich nach einem Immobilienmakler aus Neustadt erkundigt. So waren Schiminskis Tage ausgefüllt. Seine Frau daheim wunderte sich oder ahnte nichts Gutes. Denn täglich trafen bei ihr neue Überraschungen ein, Pralinen von einer Confiserie, ein Blumenstrauß ihres Lieblingsfloristen… Als dann noch ein Armband aus der Auslage eines ihr nicht unbekannten Juweliers durch einen Boten überbracht worden war, hielt Sie es nicht mehr aus. Es musste etwas passiert sein. Sie rief ihren Mann an.

„Es tut mir leid. Ich konnte nicht anders“, gestand Jörg.

„Eine andere Frau?“, wollte Susanne wissen.

„Ein Mann, als er so vor mir lag.“, folgte Jörgs Erklärung.

„Ein Mann?“, Susanne war überrascht. Damit hatte sie in den schlimmsten Vorstellungen nicht gerechnet.

„Ich glaub du verstehst das falsch. Der Mann ist tot. Ein Kriminalfall“, klärte Jörg auf.
„Ach so!“, Susanne klang erleichtert.
Seine „Investitionen“ zahlten sich aus. Bereits zwei Tage später erreichten ihn interessante Neuigkeiten. Irgendwie hatte es Jörg wieder einmal geschafft.
Winfried Öchsle war kein Weinhändler mit angestaubtem Ladenlokal in einer Nebenstraße der City, so wie sich das Schiminski als Genießer des Rebensaftes in seinen Gedanken ausgemalt hatte. Öchsle betrieb einen internationalen Handel im großen Stil. Die Öchsle Im- und Export GmbH hatte in Iserlohn Lagerhallen einer ehemaligen Spedition direkt an der A46 angemietet. Über die Gesellschaft wurden Container über Rotterdam und Hamburg in die ganze Welt verschifft. Die Informationen seiner Frau Susanne brachten für den Ermittler noch weitere höchst interessante Erkenntnisse. Gegen den Weinhändler lief ein strafrechtliches Ermittlungsverfahren. In diesem Fall wurden schon Zollfahndung und Bundeskriminalamt tätig. Einem Lagerarbeiter im Hamburger Freihafen war aufgefallen, dass die Container aus Spanien mit Weinflaschen eines Winzers aus St. Martin gefüllt waren. Diese Container sollten nach China geliefert werden.
„Ja, das sind ja wirklich interessante Neuigkeiten“, erfreute sich der Ermittler in seinen Gedanken. Der betroffene Winzer war für Schiminski

kein Unbekannter. Der Fichtenhof war offensichtlich in diese merkwürdigen Geschäfte mit Öchsle verwickelt. Bei der Größenordnung war sicherlich richtig viel Geld im Spiel. „Wenn das kein Motiv für einen Mord ist?“

Am nächsten Tag direkt nach dem Frühstück war Schiminski hinunter ins Dorf gegangen, auf direktem Weg zum Fichtenhof.

„Morgen, Jörg. Schon wieder Durst? Da musst du dich aber noch etwas gedulden, unsere Straußenwirtschaft ist noch geschlossen“, empfing der Kellermeister den Ermittler.

„Na, lieferst du jetzt deinen Wein containerweise an die Chinesen“, blies Schiminski direkt zum Angriff.

„Bist du besoffen? Rede doch keinen Unsinn“, konterte Fichte.

„Nur blöd, dass euer Wein aus Spanien kommt“, ergänzte Schiminski.

„Sei ruhig, ich kann dir alles erklären“, bei diesen Worten schob Fichte mit beiden Händen den Ermittler in Richtung Haus. In der Probierstube waren beide dann ungestört.

„Mensch Jörg, du kennst mich doch. Glaubst du wirklich, dass ich an solchen schmutzigen Geschäften beteiligt bin?“

Schiminski schwieg und zuckte nur mit den Schultern.

„Ja, dieser Öchsle war schon ein guter Kunde von uns. Aber mit seinen China-Geschäften haben wir nichts zu tun. Darauf wurden wir erst aufmerksam, als Zollfahnder uns aufsuchten. Aber wir konnten schnell nachweisen, dass wir nicht in diese kriminellen Machenschaften verstrickt sind. Öchsle hat Plagiatsweine nach China geliefert, spanische Massenweine mit unseren Etiketten versehen und als deutsche Spitzenweine ins Reich der Mitte verkauft. Zollfahndung und Bundeskriminalamt hatten uns um Stillschweigen gebeten, da bereits Ermittlungen im großen Umfang gegen den Weinhändler laufen würden." Der Winzer schien erregt.

„Und was war das für ein seltsames Treffen mit Öchsle, das ich am Abend vor seiner Ermordung beobachtet habe?", fragte Schiminski.

„Dieser Öchsle besaß wirklich die Dreistigkeit, nach allem, was er uns angetan hatte, hier bei mir aufzutauchen. Angeblich war alles nur ein schrecklicher Irrtum. Öchsle wollte eine Immobilie von mir kaufen, das Haus neben der Metzgerei Keschde", erklärte Fichte.

„Der Sohn vom Metzger, das ist der Polizeikommissar?", wollte der Ermittler wissen.

„Ja, genau. Den Öchsle hab ich übrigens zum Teufel geschickt!", bei diesen Worten ballte Fichte seine rechte Faust.

„Dort ist er ja wohl auch angekommen. Aber was wollte der Weinhändler denn mit einem Haus in St. Martin?", hakte Schiminski nach.

„War wohl nicht für ihn selbst. Er hat irgendetwas von einer Studentenverbindung Alemannia erzählt, die eine Niederlassung in der Nähe des Hambacher Schlosses suchen würde. Mehr weiß ich auch nicht. Aber behalte das alles für dich, sonst komme ich in Teufels Küche." Die letzten Worte hatte Fichte fast geflüstert.
„Teufels Küche wäre blöd! Geh mal lieber in deinen Weinkeller und kreiere weiter wunderbare Weine. Auf mich kannst du dich verlassen, ich werde schweigen", gelobte Schiminski.
Auf dem Rückweg zu seiner Unterkunft war der Ermittler in Gedanken. „Ich glaube, ich brauche neue Informationen. Susanne mus ran. Wird teuer, ein Paar Schuhe vielleicht. Egal, ich muss mehr über die Verbindung Alemannia erfahren und über die Rolle, die Öchsle darin spielt. Da gibt es eine offensichtliche Verbindung, eine schlagende, der Schmiss im Gesicht des Toten. Vielleicht kann ich in der Zwischenzeit auch mal auf einen Saumagen bei Metzger Keschde vorbeischauen und seinen Sohn als Quelle anzapfen."
In seinem Zimmer begann Schiminski mit der Internetrecherche. Zuvor hatte er jedoch teure Schuhe auf einer Onlineplattform bestellt. Die Verbindung Alemannia hatte ihren Sitz in Münster. Auf der Internetseite fand Schiminski Fotos der letzten Convente. Er musste nicht lange suchen, Winfried Öchsles Anwesenheit war auf einigen Bildern dokumentiert. Aber warum

braucht eine studentische Verbindung aus Münster eine Niederlassung an der südlichen Weinstraße? Öchsle war offensichtlich im Auftrag seiner Verbindung unterwegs gewesen, um eine Immobilie zu erwerben, die in der Nähe eines symbolträchtigen Ortes liegen sollte, dem Hambacher Schloss. Im Frühjahr 1832 hatte dort das Hambacher Fest stattgefunden, an dem auch studentische Burschenschaften ihren Kampf für Freiheit und nationale Einheit beschworen hatten. Dieses Ereignis gilt als Grundstein für den deutschen Nationalstaat und Fundament der studentischen Verbindungen. Und an diesem historischen Ort hatte nun Öchsle seine letzte Ruhe gefunden. Das konnte doch kein Zufall sein, war sich Schiminski sicher.

Am Sonntag holten die abreisenden Touristen in St. Martin ihre Souvenirs ab. Mit dem portionierten Saumagen begleitete sie ein Stück Pfalz in ihre Heimat. Schiminski reihte sich in die Schlange der Wartenden beim Metzger ein. Der Tourist aus dem Sauerland hatte es verstanden, sich immer wieder ans Ende der Reihe mit Wartenden fallen zu lassen. Irgendwann, als alle anderen Kunden bereits den Laden verlassen hatten, stand Schiminski an der Verkaufsvitrine vor Keschde Junior, Aushilfsmetzger und Polizeikommissar. Dieser staunte nicht schlecht, als

Schiminski vor seinem Gesichtsfeld auftauchte. „Saumagen?“, folgte die kurze Frage.
„Der Saumagen hat den Öchsle wohl nicht den Rest gegeben“, entgegnete der Sauerländer.
Keschde schwieg für einen Moment. Dann verschloss er die Ladentür von innen. Neben einem Regal mit Sauerkraut- und Gurkenkonserven setzte sich der Polizist auf einen einfachen Holzstuhl und wies mit der Hand auf den zweiten. Schiminski setzte sich wortlos daneben. „Eigentlich habe ich befürchtet, dass Sie hier auftauchen werden. Sie haben ja bereits das halbe Dorf abgeklappert“, Keschde wirkte nachdenklich.
„Keine Angst, ich möchte Ihnen nicht ihr Familienrezept für Saumagen entlocken“, grinste Schiminski.
„Schlimmer, es geht um Öchsle“, ergänzte Keschde.
„Und das bei einem Metzger. Warum stand denn überhaupt nichts in der Zeitung?“, fragte Schiminski direkt und gab sich selbst die Antwort. „Weil eine Nachrichtensperre verhängt worden war. Wer hat den Fall so hoch gehängt?“, wiederholte der Sauerländer sein Spiel und antwortete, ohne abzuwarten. „Zollfahndung oder Bundeskriminalamt?“
Keschde verneinte zum Erstaunen des Fragenstellers. „Bundesamt für den Verfassungsschutz und Generalbundesanwalt! Aber das habe ich nie zu

Ihnen gesagt“, ergänzte Keschde in einem flüsternden Ton.
Schiminski schaute Keschde erwartungsvoll an.
„Viel mehr kann ich auch nicht sagen. Ich bin raus aus dem Fall. Öchsle starb nach Erkenntnissen der Gerichtsmedizin an einer Stichverletzung ins Herz, wahrscheinlich durch einen Degen herbeigeführt. Der Tote wurde in den Weinbergen nur abgelegt.“ Ohne eine Reaktion abzuwarten, stand Keschde auf und ging zum Kühlschrank. „Jetzt kommen wir zu den guten Öchsle“, mit diesen Worten, zwei Gläsern und einer Flasche Wein vom Fichtenhof kehrte er zurück.
Eine Flasche und ein Anstieg später befand sich der Sauerländer wieder in seinem Appartement. Er hatte mit Keschdes Hilfe auf einen Zieleinlauf gehofft, doch es wurden neue Hürden aufgestellt. Schiminski musste auf die Zauberkraft der Schuhe setzen. Oder war er gezwungen, seinen Einsatz zu erhöhen? All seine Hoffnung setzte er auf Susannes Netzwerk. Doch erst mal verspürte Schiminski Hunger. So verließ der Ermittler schon kurze Zeit später seine Unterkunft in Richtung Ortszentrum. Der Sauerländer hatte Glück, das Tor des Glockenstübls stand weit geöffnet. Auf einer der Bänke erspähte er einen freien Platz. Eine junge Familie saß an diesem Tisch. Wenig später betrat ein junger Mann den Hof. Kein Platz? Zusammenrücken ist in der Pfalz eine Selbstverständlichkeit. Schon war ein freier Sitz-

platz gefunden. Schiminski war überrascht, ihm rutschte sogar ein geliebter Pfifferling vom Teller. „Hi, dass ich dich hier treffe …“, begrüßte Schiminski den Ankömmling verdutzt.
„Darauf hättest du wohl keinen Pfifferling gesetzt, mich hier zu treffen“, ergänzte der junge Mann mit einem Grinsen im Gesicht.
„Marco Sender, Mensch, die Welt ist doch klein. Wie lange ist es her, dass du als Volontär in der Redaktion meiner Frau gearbeitete hast? Bist du dann nicht zum Fernsehen nach Köln gegangen?“, wollte der Sauerländer wissen.
„Ja klar, in Köln bin ich schon seit vier Jahren. Bin jetzt ganz offiziell Redakteur des Landesfensters“, klang es stolz in seiner Stimme.
„Super Karriere! Jetzt hast du aber dein Landesfenster NRW verlassen. Falsche Ausfahrt genommen?“, frotzelte der Sauerländer.
Sender verneinte. „Öchsle“, flüsterte Sender.
„In der Pfalz geht's fast immer um Öchsle. Aber, dass du dich als Kölschtrinker für Öchsle interessierst, das kann nur beruflich veranlasst sein“, hatte der Sauerländer erkannt.

Schiminski führte Sender zum Fundort des Toten in die Weinberge unterhalb des Hambacher Schlosses. „Hier habe ich den Weinhändler aus Iserlohn gefunden, hier genau“, bei den Worten wies er mit der Hand auf eine Stelle auf dem staubigen Boden. „Und du bringst jetzt eine große

Reportage über den Weinpanscher Öchsle?", fragte der Sauerländer direkt.
„Am gepanschten Wein ist der nicht gestorben. Der wollte noch ganz andere Dinge bewegen. Hast du dich nicht gewundert, dass Öchsle eine Immobilie gesucht hat?", fragte Sender.
„Ja, klar, die brauchte er für seine Studentenverbindung Alemannia", antwortete Schiminski.
„Öchsle war in nationalistischen Kreisen kein Unbekannter. Mit Senioren verschiedener deutscher Burschenschaften hatte sich der Iserlohner Weinhändler getroffen und den Plan gefasst, eine neue nationale Bewegung zu gründen. Einflussreiche Kreise hatten für die neue Partei große finanzielle Mittel zur Verfügung gestellt, die Öchsle als kommissarischer Sprecher verwalten sollte. Seine Aufgabe war es, eine geeignete Immobilie mit Symbolkraft in der Nähe des Hambacher Schlosses zu erwerben", erklärte Sender.
„Hat er schon ein Häuschen gekauft?", wollte der pensionierte Polizist wissen.
„Öchsle ist das Geld ausgegangen, einen großen Teil davon hat er für seine eigenen Weinpanschgeschäfte abgezweigt", erläuterte der Redakteur.
„Oh, oh, und das in dieser ‚ehrenhaften' Gesellschaft…", spottete Schiminski.
„Beim letzten Treffen der Führungsgruppe ging es deshalb auch hoch her. Richtige Tumulte hatten sich dort wohl ergeben. Ein Sprecher des rechten Flügels, Öchsles Gegner in den eigenen

Reihen, hat ihn sogar als ‚Betrüger‘ und ‚ehrlosen Hund‘ beschimpft“, gab Sender seine Information weiter.

„Solche Beschimpfungen können in diesen Kreisen doch nicht ungestraft bleiben, da muss doch die Ehre wieder hergestellt werden“, ergänzte der Polizist.

„Ja, Öchsle hat seinen Rivalen Siegfried Schwarz zum Duell mit Degen herausgefordert. Dazu war er wohl nach den ungeschriebenen Regeln gezwungen“, erklärte Sender.

„Wie bei den drei oder zwei Musketieren, so etwas kenne ich nur aus den alten Mantel- und Degenfilmen, bis in den Tod für Vaterland und Ehre“, staunte Schiminski.

„Ja, eigentlich unglaublich in unserer Zeit. Den genauen Ablauf der Ereignisse habe ich von einem Informanten erhalten, einem der Adjutanten von Öchsle. Als Austragungsort haben die Streitparteien einen leer stehenden Schuppen hier in Hambach gewählt, nicht weit weg vom Fundort des Toten“, der Redakteur wies mit seiner rechten Hand in Richtung des Ortes.

„Und dann wurden die Klingen gekreuzt?“, wollte der Ermittler wissen.

„Eigentlich war es eine Falle, in die Öchsle und seine Helfer gelaufen sind“, überraschte Sender.

„In ein ‚schwarzes Loch‘?“, grinste Schiminski.

„Dieser Schwarz kam einfach nicht. Der war angeblich krank und hat einen Vertreter gewählt,

natürlich nicht irgendeinen Ersatz. Einen Auftragskämpfer mit entsprechenden Helfern schickte Schwarz nach Hambach. Dieser Igor hat früher als Stuntman und Söldner gearbeitet. Für ein paar Euro war der wohl zu allem bereit. Da war Öchsle völlig chancenlos“, berichtete Sender.
„Das gibt’s doch nicht! Warum hat sich Öchsle denn auf diesen Kampf eingelassen? War wohl total lebensmüde?“, gab der Ermittler seiner Verwunderung Ausdruck.
„Vielleicht war er es sogar. Öchsles Begleiter wollten mit Protest den Kampf abbrechen. Doch Igors bewaffnete Helfer erzwangen die Durchführung. Da hat sich Öchsle wohl seinem Schicksal ergeben. Er hatte nie eine Chance den ungleichen Kampf zu gewinnen und zahlte schließlich mit seinem Leben. Seine Adjutanten haben Öchsle dann hier zwischen Weinreben mit Blick aufs Hambacher Schloss die letzte Ehre erwiesen“, fasste Sender das Ende seines Berichtes zusammen.
„Die allerletzte…“ Schiminski war angewidert.
„Ja, da bleibt ein ganz bitterer Beigeschmack“, stimmte Sender zu.
„Jetzt hilft nur ein guter Tropfen aus der Pfalz, der spült die Sinne wieder frei“, schlug der Ermittler vor und ließ entsprechende Taten folgen.
In Fichtes Straußenwirtschaft leerten sie gemeinsam einige Weinflaschen.

Als Schiminski am nächsten Morgen noch etwas müde vor seinem Appartement in St. Martin stand, beobachtete er die langsamen Bewegungen des roten Sportwagens seiner Frau, vor und zurück, vor und zurück… Die stetigen Wiederholungen waren für ihn eine echte Geduldsprobe. Doch Schiminski blieb standhaft: kein „gut gemeinter" Hinweis, keine lässigen Anweisungen. Irgendwann war es tatsächlich vollbracht. Die Fahrertür wurde schwungvoll geöffnet. Susanne trug die neuen Schuhe. Eine sonnige Woche an der südlichen Weinstraße lag vor den beiden.

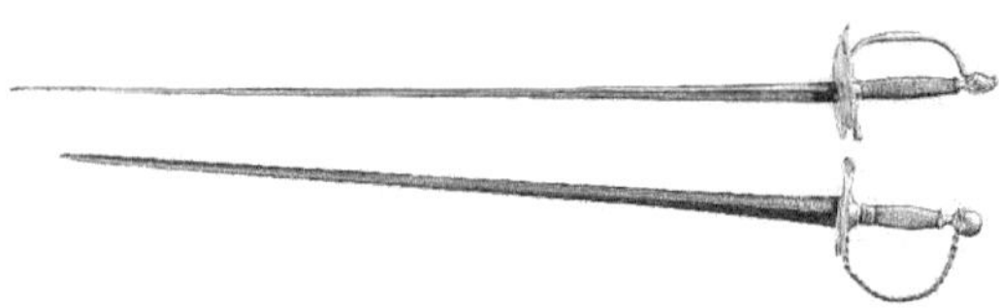

Wir empfehlen diesen Rebensaft:

Chardonnay Tradition
Halbtrocken

Weingut Aloisiushof
Wein & Sekthaus Alois Kiefer GmbH
Mühlstr. 2
67487 St. Martin

www.aloiskiefer.de

Die Handlungen und Personen in unseren Erzählungen sind frei erfunden.
Die Winzer und Weine unserer Empfehlungen dagegen sind real.
Wir werden sicher unsere Recherchen bei dem einen oder anderen Winzer fortsetzen..
Viel Spaß bei
Wein & Krimihäppchen

Astrid Kallweit
Frank W. Kallweit

Information unter
www.fwkallweit.de